ELLIS AVERY

Die Tage des Rauchs

11.–21. September 2001

Mit einer Nachbemerkung
von Sharon Marcus

Aus dem amerikanischen Englisch
von Alex Stern

LILIENFELD VERLAG

Für die Toten, die von hier und die von dort.
Und für Sharon, in Liebe.

Inhalt

8. September

Notfall

Auf der letzten Party des Sommers am Samstag nach Labor Day zeigte uns meine Freundin Kathy ein Foto von den zwei Jungs ihres Bruders. »Der da ist Christopher«, sagte sie. »Sechs Jahre alt. Und jetzt kommt's: Mein Bruder hat mir letzten Winter erzählt, wie Christopher total sauer von der Schule nach Hause gekommen ist, weil« – Kathy imitierte ab hier das ernsthafte Mienenspiel eines Kindes – »im Musikunterricht ein paar Kinder ganz blöd gewesen sind und die Lehrerin alle in die Ecke gestellt hat, sogar die Kinder, die, wie er, gar nichts gemacht haben. – Mein Bruder hat dann gesagt, Christopher soll doch der Musiklehrerin mitteilen«, Kathys Stimme wechselte ins Elternhafte, »dass er natürlich weiß, dass es wichtig ist, die Disziplin der Klasse aufrechtzuerhalten, aber dass dabei seine Gefühle verletzt worden sind und er sich deshalb eine Entschuldigung wünscht. Aber dann war die Lehrerin am nächsten Tag nicht in der Schule, und noch einen Tag später hatten sie schneefrei. Christopher wirkte auch eigentlich gar nicht unglücklich darüber, dass er an diesem Freitag zu Hause bleiben konnte, aber Samstagvormittag hämmert jemand plötzlich an die Haustür und ruft: ›Polizei. Aufmachen.‹

Mein Bruder hing gerade vorm Fernseher und ging zur Tür, meine Schwägerin kam von oben runter, wo sie gerade meinen andern Neffen gebadet hatte. Und so standen sie dann also im Eingang, er in Boxershorts

13

und sie im gammeligen Bademantel mit nacktem Baby auf dem Arm.

Der Polizist schaut sie sich von oben bis unten an und sagt: ›Wir wurden wegen eines Kindes gerufen.‹

Und da kommt Christopher auch schon eifrig die Treppe runtergetapert: ›Ist die Polizei da?‹ Und mein Bruder: ›Wie bitte? Hast du die angerufen?‹«

Kathy sprach jetzt mit dem weinerlichen Gesicht eines Sechsjährigen weiter: »»Musiklehrerin ... in die Ecke gemusst ... meine Gefühle verletzt ... Entschuldigung ... konnt ich ihr ja am Donnerstag nicht sagen ... konnt ich ihr ja am Freitag auch nicht sagen ... und im Notfall ... ruf 911!‹

Als der Polizist zu dem Schluss gekommen war, dass mein Bruder und seine Frau wohl nicht wirklich ihre Kinder prügeln, hat er versucht, Christopher zu erklären, wann man einen Notruf tätigt und wann nicht: ›Okay. Also: Was ist, wenn das Haus brennt?‹

›Ich ruf 911 an.‹

›Richtig, sehr gut. Und was ist, wenn deine Gefühle verletzt wurden?‹

›Ich ruf 911 an.‹

Da schaut der Polizist zu meinem Bruder und sagt: ›Hier dran müssen Sie mit ihm noch ein bisschen arbeiten.‹«

17. Januar 1983

Tagebuch

Ich habe eine Sendung über Nostradamus gesehen. Er hat vor ungefähr 400 Jahren gelebt und viele Sachen vorhergesagt. Für die Zukunft sagt er eine große Hungersnot im Jahr 1986 voraus (da bin ich 14) und 1988 mehrere Erdbeben.

Das ist noch nicht alles. Er sagt einen großen Krieg voraus, der 1994 vom Nahen Osten ausgeht, und die Zerstörung von einer der Großen Neuen Städte. 27 Jahre Krieg, dann 1000 Jahre Frieden. Die Welt geht ungefähr 3700 unter. Ich ziehe bis dahin nach Kanada um. Nach der Sendung habe ich Bauchschmerzen bekommen.

8., 9., 10., 11. September

Normalzeit

Das letzte Wochenende. Jennifers Geburtstag, Central Park. Birnentarte, Champagner. Der geräucherte Fisch von Russ & Daughters lag auf seinem Wachspapier da wie eine rituelle Opfergabe: das Sakrament des Picknicks. Eine Ärztin. Ein Architekt. Zwei Kinder mit Engelslocken. Kathy erzählte Geschichten über ihre Familie.

Die Sonne sank. Die Motten stiegen auf. Wir gingen in die Wohnung der Ärztin, um das Finale der Frauen bei den US Open zu gucken; eine grandiose Venus, eine grandiose Serena.

Am Morgen hatten Sharon und ich Sex und hatten dann ineinander verschlungen gelesen. Ich fraß mich schnell durch Natalie Angiers *Frau. Eine intime Geographie des weiblichen Körpers* und traf mich abends mit der Lesezirkeltruppe – Sara, Katrin, Kathy, Asya, Melissa und Lee.

Cassy hatte es nicht geschafft, sie und Julian übten noch für ihr Interview bei der Einwanderungsbehörde am nächsten Morgen.

Bei Cupcakes, die Kathy so glasiert hatte, dass sie wie Brüste aussehen sollten, besprachen wir das Paarungsverhalten von Affen.

Am Montag arbeitete ich an einer Buchbesprechung für eine Zeitschrift. Für Dienstagmorgen hatte ich mir vorgenommen, Kopien von meinem Roman zu machen und zu versenden.

Sharon ging Dienstag um 6 Uhr früh los zur Arbeit nach Princeton. Ich konnte nicht wieder einschlafen, also machte ich mir Frühstück. Ich war erstaunt über die zarten Baumschatten an den Gebäuden auf der anderen Straßenseite. Ich lebe im East Village in Manhattan, und meine Fenster gehen nach Süden, so dass das Morgenlichtschauspiel früh da und schnell wieder weg ist. Normalerweise verpasse ich es. Ich ermahnte mich dazu, noch meine Stimme bei der laufenden Wahl abzugeben, und brachte das Manuskript zum Kinko's-Copyshop am Astor Place. »Kommen Sie in einer Stunde wieder«, hieß es da, also ging ich in den K-Mart nebenan. Ich kaufte Toilettenpapier, eine Zahnbürste und Seife. Ich habe später auf meinem Kassenbon nachgeschaut: Die Uhrzeit darauf war Punkt 9 Uhr morgens.

11. September

Auf den ersten Blick

Ich ging aus dem K-Mart raus und schaute in den Himmel. Ein perfektes Septemberblau. Durchkreuzt von einer schwarzen Rauchwolke, die von rechts nach links über die Lafayette Street hinwegwaberte.

Die Stadtverwaltung konnte nicht beschlossen haben, die arme Kate Millet durch Ausräuchern aus ihrer Wohnung an der Bowery zu vertreiben, denn die Wolke zog in die falsche Richtung, aber gemessen an der Fülle des Rauchs musste etwas ganz in der Nähe in Brand geraten sein. »Das ist Broadway, Ecke Houston Street«, nahm ich an, ein Block parallel und acht nach Süden. Brannte das Angelika-Kino?

Nach einer Erklärung suchend sah ich mich um. Niemand sonst blickte nach oben. Dann ging ein Mann schnell an mir vorbei, der in sein Mobiltelefon sprach. »Gerade ist ein Flugzeug ins World Trade Center gekracht«, sagte er.

Ich dachte: »Aber das ist dreißig Blocks entfernt. Was für ein kranker Witz«, lief ihm trotzdem hinterher und zupfte ihn am Ärmel. »Stimmt das?«, fragte ich.

»Ja«, sagte er, ohne stehen zu bleiben.

Ich musste auf meine Kopien warten, also kaufte ich mir einen heißen Kakao und blieb, wo ich war, unter der schwarzen Würfelskulptur auf dem Astor Place. Bemerkten noch andere den Rauch?

Die meisten nicht. Das frühe Licht fiel auf Hunderte Gesichter von Menschen, die Richtung Broadway drängten oder Treppen hinabfluteten, um U-Bahnen zu erreichen. Männer schoben Besen oder trugen Aktentaschen, Schulmädchen knoteten ihre Uniformblusen hoch. Wahlkampfteams, zum Wahltag angetan mit ihren besten Sachen, verteilten Flyer für die Bürgermeister-Vorwahlen. Typen in einem Lieferwagen hupten Typen in einem Auto an. Frauen joggten vorbei und vollführten dann dieses komische Auf-der-Stelle-Weiterlaufen an den Fußgängerüberwegen. Und eine Studentin – als Rückblick auf den Trend von 1999 – stieß und stieß und stieß mit flatterndem Sommerkleid die Lafayette entlang ihren silbernen Roller an, ihr Gesicht in der Sonne wie noch heißes neues Glas. Der Astor Place sah aus wie ein Bild von Edward Hopper, seine unterschiedlich breiten hellen Flächen wuselnd voll an diesem makellos blauen Septembertag. Wenige Leute, meistens welche mit Mobiltelefonen, starrten hoch zu dem sich entfaltenden Horror, manche zeigten nach oben.

Und eine einzige Frau rannte, kämpfte sich durch, ihr feiner Schal wehte hin und her. Ich konnte von der anderen Straßenseite aus das Weiße in ihren Augen sehen.

Natürlich musste ich meine Kopien noch abholen. Ich war wie die anderen: eine Geisel meiner sogenannten Zukunft. Wir steckten weiter in der alten Welt, und diese Frau war schon in eine neue eingebrochen.

Sehen kann, sehen konnte

Ich kam in den Copyshop und hörte jemanden brummeln: »Scheiß Terroristen«.

»Das ging schnell«, dachte ich. »Woher will er wissen, dass es kein Unfall war?«

Ich wollte mit Kreditkarte bezahlen, aber die Frau sagte: »Alle unsere Verbindungen sind tot wegen dem, was gerade passiert ist.« Sie holte ein Formular hervor, von dem ich gar nicht gewusst hatte, dass es das gibt; ich füllte es aus, und sie sagte, sie würde die Zahlung später durchführen. »Hier war eben ein Mann«, sagte sie. »Der war zu spät dran gewesen für ein Meeting im World Trade Center und zitterte richtig.« Sie sah nach draußen. »Ich hoffe, es ist nicht so schlimm, wie's aussieht.«

Das Ungeheuerliche dieses Morgens schlug sich bei mir zuallererst in einer logistischen Frage nieder: Von wo aus könnte ich am besten etwas sehen? Von wie weit weg? Von wie hoch? »Ich wohne im East Village; meine Fenster gehen nach Süden. Ich habe ja die zarten Baumschatten an den Gebäuden auf der anderen Straßenseite gesehen.« Ich hatte vergessen, und es fiel mir dann wieder ein, dass ich das World Trade Center von meinem Fenster aus jeden Tag sehen kann, sehen konnte.

Ich stieg vier Treppen hoch, setzte mein Zeug ab und ging in den vorderen Raum.

Was ich vom Fenster aus sah

Beide Türme brannten. Konnte das Flugzeug quer durch beide geschlagen sein?

Ich hatte nie darauf geachtet, wie schuppenartig ihre Fenster aussahen. Beide Gebäude sahen aus wie abbrennende Fische. Wie Jennifers geräucherter Fisch auf seinem Wachspapier, nur in Brand geraten.

Wie zwei Lungenflügel, nur in Brand geraten.

Wie zwei Bienenkörbe: intakte Zellen unten, zerstörte Zellen oben, eine orange Flammenschicht als Trennmarke zwischen vollständig und verwüstet.

Dann hüllte Rauch den Südturm ein, und weg war er.

Sommer 1996

Es war einmal

Vor fünf Jahren bin ich mit zwei Freundinnen hierhergezogen, Jan und Janna. Verliebt in unser neues Leben nahmen wir die U-Bahn rauf zu den Cloisters im Norden und runter zum Battery Park im Süden. Wir nahmen die schaukelnde Seilbahn über den Fluss nach Roosevelt Island, wir fuhren Kajak auf dem Hudson, wir spazierten über die Brooklyn Bridge.

Einmal nahmen wir spätabends den Aufzug zur obersten Etage des World Trade Centers. Es gab da eine Stelle, wo man kostenlos aus dem Fenster schauen konnte.

Die Welt, die wir sahen, war schwarz und blau und golden, Keile und Säulen aus hellen Fenstern und dunklem Stahl. Kleine, aber gut sichtbare Männer und Frauen machten Nachtschicht an ihren Schreibtischen, eingerahmt und erleuchtet wie byzantinische Heilige.

Die Bauten strahlten aufwärts, erhellten den Himmel und sich gegenseitig in der Höhe. Weit unten sahen wir winzige Straßen, deren bloße Namen schon – innerhalb einer Reißbrettstadt aus nummerierten Gebäudeblöcken und Fahrdämmen – schummrig, schmal und nach Dickens klangen: Old Slip, Coenties Slip, Thames, Vesey, Gouverneur und Maiden Lane. Von oben bildeten sie in der Nacht ein dunkles Filigran, eine Patina, aus der die leuchtenden Türme umso heller aufflammten.

All das machte uns ganz schwach vor Wonne. Als wir uns sattgesehen hatten, nahmen wir den Aufzug wieder hinunter, schauten hoch in dessen verspiegelte Decke und drehten uns mit ausgebreiteten Armen im Kreis. Und jede von uns sagte auf ihre Weise dieses Gebet an die Stadt, die wir eben gesehen hatten: »Ergreife mein Herz. Nimm mich mit.«

11. September

Es ist kein Unfall

Nachdem ich den Südturm verschwinden gesehen hatte, schaltete ich das Radio ein, und Sharon rief an. »Ich hab schon mal angerufen. Hast du meine Nachricht bekommen?«

»Ich hab keine Nachrichten abgehört; das World Trade Center stand in Flammen.«

»Das Pentagon haben sie auch getroffen.«

»Was für ein Pentagon? Gibt es in Manhattan einen fünfeckigen Park?«

»Nein, das Pentagon-Pentagon.«

»O Gott. Es sind also zwei Flugzeuge gewesen?«

»Nein, es sind drei Flugzeuge gewesen. In jeden Turm ist ein Flugzeug geflogen, und eins ins Pentagon.«

Mein Herz schlug heftig, und meine Hände wurden kalt und kribbelten.

»Auch wenn die Stadt nicht brennt«, sagte ich, »könnte es sein, dass sie Strom und Wasser abstellen. Ich sollte Essen besorgen. Rufst du mich in einer Dreiviertelstunde noch mal an?«

»Ich werd's versuchen, aber ich krieg immer öfter Besetztzeichen.«

Ich griff gleich noch mal zum Telefon, um meine Mutter anzurufen, aber ich kam nicht durch.

Nur wir selbst, noch mehr als sonst

»Sharon?«, sagte ich, als das Telefon noch mal geklingelt hatte.

»Ich bin's, Akiko. Bist du okay? Sharon auch? Und deine Freundinnen?«

»Ja, ja, bis jetzt ja. Und du? Und dein Mann?«

»Ja, ja. Bei uns sagt man, das ist kowai«, sagte sie. »Das ist gruselig.«

»Aha, kawaii bedeutet niedlich, aber kowai gruselig.«

»Ja, total andere Bedeutung. Ich würde immer noch gern morgen zu dir nach Hause kommen, allerdings nur vielleicht.«

»Vielleicht wird das ein bisschen schwierig. Vielleicht ein anderes Mal.«

»Ja, das würde mich freuen.« Sie machte eine Pause. »Meinst du, ich sollte heute den Kurs besuchen?«

»Vielleicht ist zu Hause bleiben besser«, sagte ich.

»Okay. Kiotsukete«, sagte sie, »mach's gut.«

»Pass auf dich auf, Akiko-san«, sagte ich.

Akiko und ich erlernten zusammen die japanische Teezeremonie und halfen uns gegenseitig beim Japanisch- und Englischüben. Ich fühlte mich davon geschmeichelt, dass sie glaubte, ich würde wissen, was jetzt zu tun sei.

Ich dachte über sie da ganz allein in ihrer Hochhauswohnung in der 9. Etage nach. Wenn ihr Gebäude in Brand geraten würde, könnte sie in der Falle sitzen.

Wenn der Strom ausfallen würde, müsste sie die ganzen Treppen runter. Und wenn sie aus ihrer Wohnung geflüchtet wäre, wäre es entsetzlich für sie, völlig allein und mit ganz gutem, aber nicht herausragendem Englisch ihren Mann suchen zu müssen. Ich dachte an den Teekurs, das flache Gebäude, den tief gelegenen Keller mit seinen Steinmauern, die vollkommene Ruhe der Lehrenden, die Anwesenheit anderer Japanisch Sprechender.

Beim dritten Versuch kam ich mit dem Anruf durch. »Vielleicht solltest du doch zum Kurs gehen«, sagte ich. »Vielleicht ist das sicherer. Kannst du deinen Mann anrufen und ihm die Nummer von dort geben?«

»Okay«, sagte sie. »Danke fürs Anrufen.«

»Kiotsukete«, sagte ich.

»Pass auf dich auf«, sagte sie.

Zwei Sekunden

Nach Akikos Anruf machte ich mich auf zum Einkaufen. Als ich losging, stand der Nordturm da wie ein Körper mit aufgesägter Brust und flammendem Herzen darin. Ich hörte die Sirenen durch die Second Avenue heulen und war mir immer noch sicher, dass die Feuerwehr ihn retten könnte.

Ich kaufte vier Liter Wasser, einen Liter Sprudel, tiefgefrorene Teigtaschen mit Shrimps (falls Herd und Kühlschrank weiter funktionieren sollten), einen Beutel Babymöhren, drei Joghurts, zwei Gemüsesäfte, einen Orangensaft und eine Packung Cracker. Und weil sie ja vielleicht meine letzten sein konnten, kaufte ich mir Leckereien: einen Becher Cashewmus, Toblerone, frische Feigen. Ich entdeckte noch eine Packung Kerzen und kaufte auch die.

Als ich so meine Einkaufskörbe füllte, sah ich ein ganz kleines Kind systematisch jeden einzelnen Schokoriegel anfassen, während die drängelnde Stimme einer Frau nach »Lucy! Lucy!« rief. Schließlich schnappte sich die Frau ihr Kind und rüttelte es kurz. »Ich dreh mich für *zwei Sekunden* um, und was passiert?«

Glotzend wie ein Survival-Yuppie stand ich mit meinen schweren Einkaufskörben an der Kasse hinter einem Mann, der völlig gelassen eine einzelne Chipstüte kaufte, und hinter Lucy und ihrer Mutter, die ein Trinkpäckchen und Blattsalat kaufte. Ich fühlte mich wie diese einsam rennende Frau vom Astor Place.

Als ich nach draußen kam, scharten sich auf dem Gehweg zwanzig Leute um einen Fernseher, und jemand filmte sie dabei.

Und auf dem Weg nach Hause sah mir ein Mann in die Augen ohne Flirtversuch. »Ist das nicht furchtbar?«, sagte sein Gesichtsausdruck. Sein Mitgefühl brannte sich mir irgendwie ein.

Und als ich oben auf der Treppe ankam und aus dem Fenster sah, war der Nordturm verschwunden.

Möglichkeiten

Der Himmel war voll mit schwarzem Rauch. Er rollte sich in ausgeprägten Formen, dick und beulig wie sich aufblähende Gehirne, voran. Ich schaltete das Radio ein, und Sharon rief wieder an.

Ein weiteres entführtes Flugzeug war außerhalb von Pittsburgh abgestürzt. Sie hatte eine halbe Stunde gebraucht, um durchzukommen.

»Im Radio sagen sie gerade, dass man nach Norden gehen soll, wenn man sich südlich der Canal Street befindet. Wenn die anfangen zu sagen, dass man weggehen soll, wenn man sich südlich der Houston Street befindet, verschwinde ich«, sagte ich. »Diese Mietsbruchbuden hier dürften abfackeln wie Papiertaschentücher. Sollte alles brennen, werde ich zum Central Park und da in den See gehen. Ich hab meine Computerfestplatte schon in einen Zipverschlussbeutel gepackt, und ich such gerade noch was, womit ich meine Brille an meinem Kopf festbinden kann. Das hört sich jetzt bestimmt alles total bescheuert an. Und klar, wenn das Feuer nach Norden umschwenkt, kann ich auch zur Teezeremonie gehen und mich da im Keller verstecken. Aber wenn jetzt noch ein Flugzeug ins Empire State Building kracht, könnte das Feuer gleichzeitig von Norden und von Süden kommen. Dann würde alles in der Stadt zusammenbrechen: Die gesamte Feuerwehr wäre downtown, es würde niemanden mehr geben, der hergeschickt werden könnte. Also müsste wohl ich zum Wasser gehen. Da gibt's doch diese zwei dicken Styroporteile, die ich unter der Treppe gesehen hab. Ich könnte die zusammenbinden und über den East River nach Brooklyn surfen. Sollte ich die mal holen?«

»Ja.«

»Leg nicht auf. Bin gleich zurück. – Hi.«

»Hi. Hast du sie zusammengebunden?«

»Noch nicht.«

»Mach's besser sofort. Haben wir irgendwas Wasserfestes?«

»Es gibt Klebeband«, sagte ich. »Mein Gott, das ist so verrückt.«

Wir saßen still am Telefon, hörten Radio und die Sirenen. Eine von uns sagte: »Es ist unerträglich, gerade jetzt nicht bei dir zu sein.«

Sharon war in ihrem Büro in Princeton, und Manhattan war abgeriegelt mit Ausnahme der Fähren und des Brückenübergangs für Fußgänger. Es fuhren keine U-Bahnen, auch keine New-Jersey-Transit-Züge.

Ich hätte über eine der Brücken nach Brooklyn gehen und da versuchen können, ein Taxi zu finden, das willens gewesen wäre, mich durch Brooklyn nach Staten Island zu fahren und über die Bayonne Bridge nach New Jersey. Aber was dann?

Ich hätte auch zu Fuß 173 Blocks überwinden und über die George Washington Bridge nach New Jersey kommen können. Aber was dann?

Oder ich hätte eine der Fähren über den Hudson nach New Jersey nehmen können. Aber was dann?

»Na ja, vom Flughafen Newark bis nach Princeton sind es 90 Dollar mit dem Taxi. Wenn du eins finden kannst.«

Unser Plan: Wenn sie Züge reinlassen, würde Sharon nach Hause kommen. Wenn sie Züge rauslassen, aber nicht rein, würde ich zu ihr kommen. Sollte Manhattan abgeriegelt bleiben, würde sie in New Jersey bleiben, und ich würde bleiben, wo immer es hier am sichersten wäre. Wir machten eine Liste von Orten in Princeton, wo sie bleiben könnte, und von Nummern, über die ich Kontakt aufnehmen könnte, alles nacheinander geordnet, falls wir uns jeweils dort nicht finden sollten. Angefangen mit Liz, meiner Lieblings-Englischlehrerin an der Highschool, und am Schluss das Novotel-Hotel an der Route 1.

»Ruf meine Mutter an«, sagte ich. »Und ruf Loudi in Brooklyn an, um zu sagen, wo du gerade bist. Nach Brooklyn kriege ich eine Verbindung, aber nicht zu dir.«

Ich rief dann alle Freunde an, die ich erreichen konnte. Das schnurlose Telefon fiel aus; ich benutzte eins mit Wählscheibe, das ich mal als Bühnenrequisit gekauft hatte. Meine Freundin Loudi rief mit Neuigkeiten von Sharon an: Sie hatte meiner Mutter eine Nachricht hinterlassen können, und sie hatte Liz erreicht, natürlich könnte Sharon bei ihr übernachten, auch wir beide könnten. Alles, was ich jetzt noch tun konnte, war, während der Rauch weiter emporquoll, am Radio abzuwarten, bis gesagt werden würde, dass ich zu ihr kann, dass die Züge wieder rausfahren.

Was ist passiert?

Neunzehn mit Teppichmessern bewaffnete Männer hatten die militärischen und wirtschaftlichen Zentren meines Landes angegriffen. Die zwei höchsten Bauten in meiner Stadt, jedes 110 Stockwerke hoch, waren in sich zusammengesunken, ihre Stahlkonstruktion war durch auf 1000 Grad erhitzte 90 000 Liter brennendes Kerosin zum Schmelzen gebracht worden. In Washington lag das (nach der Fabrik, in der die entführten Flugzeuge hergestellt wurden) zweitgrößte Gebäude der Welt, Sitz der größten Kriegsmaschinerie aller Zeiten, aufgeklafft und qualmend da. Es gab ein abgestürztes Flugzeug auf einem Feld in Pennsylvania. Wohin sollte das noch gelenkt werden?

Es brauchte so wenig. Nur ein Fingerschnippen, um unsere großen Flugzeuge in unsere großen Gebäude zu schubsen. Nur ein Flugticket und ein Teppichmesser. Alles andere hatten wir, der Feind, bezahlt.

Konnten Amputierte in den Zeiten vor der Erfindung der Narkose dazu in der Lage gewesen sein, bei ihrer Operation die sauberen Schnitte der Arztsäge zu bewundern? Meinem Mund entwichen tierhafte Laute, während ich dem schwarzen Rauch beim Aufsteigen zusah.

Ich habe es noch nicht erwähnt

Das Offensichtliche:

Menschen starben.

Panik ist so selbstbezogen.

Ich wartete am Radio. Da kam etwas von einem Mann, der die ganze Strecke bis zur 92. Straße nach Hause gelaufen war, mit ascheverschmiertem Gesicht und vollkommen durchgeschwitztem Anzug.

Da kam etwas von einem Mann, der aus seiner Wohnung geflüchtet war, nachdem ein Computer durch sein Fenster eingeschlagen war.

Da kam etwas von einem alten Paar, das sich über die Williamsburg Bridge geschleppt hatte. Sie meinten, in Brooklyn würde ihnen sicher niemand etwas antun.

Und dann kam etwas von einem Feuerwehrmann. Getötet durch einen herabfallenden Körper.

Ich schlug die Hände vors Gesicht. Der Rauch wand sich aufwärts, gebar sich weiterhin ununterbrochen selbst. Er wirkte scheußlich dicht; das lag an unseren modernen Gebäuden. Und dann fuhren die Züge wieder, aber nur runter von der Insel, nicht rauf.

Glück

Draußen auf der Straße war es unheimlich, keine Autos, aber viele stille Menschen, die in langsamen Duos oder Trios in südliche Richtung unterwegs waren. Die Restaurants waren geöffnet und voller sich sorgender Leute, die entweder allein dasaßen und in ihre Mobiltelefone sprachen oder beieinander und schwiegen. Alle Geschäfte, die Nahrungsmittel verkaufen, waren offen, alle anderen geschlossen.

Ich kaufte in einer vollkommen leeren Bäckerei Hamentashen für Liz und ihre Familie; die zwei Frauen, die dort arbeiteten, saßen aschfahl da und hörten Radio. Für die Zugfahrt kaufte ich mir Essen im japanischen Laden. Im Fahrstuhl nach oben zum Geschäft sah ich einen Mann Daumen und Zeigefinger so auf seine Nase legen, als würde er weinen. Mir selbst kamen auch die Tränen.

Wir stiegen aus dem Fahrstuhl aus, und im Geschäft alberte gerade ein nerviger Teenager auf Japanisch mit seinen Freunden herum. Für wen hielt der sich? Beim Bezahlen für mein Sushi heulte ich dann fast noch mal, weil es so entsetzlich war, so etwas Banales zu tun. Weil ich mein Leben weiterleben musste, weil dieser Teenager seins weiterleben musste.

Auf dem Bahnsteig in der U-Bahn-Station hörte ich drei Leuten zu, die aus dem Nebengebäude World Trade Center 7 evakuiert worden waren, das dann ein paar Stunden später zusammenbrach. Ein letzter Rest

Unglaube in mir schrumpfte zusammen, während sie miteinander redeten. *Es war wirklich passiert.*

Ich war im ersten nach Stunden wieder fahrenden Zug. Müde Menschen füllten die Sitze und Gänge und behandelten einander rücksichtsvoll. Als wir aus dem Hudson-Tunnel herausfuhren, wandten sich alle zuerst nach links, um auf die sich über die Stadt erhebende Wolke zu starren. Dann holten die Männer rechts und links von mir ihre Telefone heraus.

Ich hörte mit, wie einer der Männer sagte: »Der Himmel hat noch nie so blau ausgesehen.«

Die Rauchsäule war schwarz und riesig. Bei Newark hatte sie ihre hirnartigen Beulen verloren, und bei Elizabeth war sie eine verwaschene graue Schmiere, die den halben Himmel einnahm.

Ich hörte mit, wie einer der Männer sagte: »Bleib in Panama, so lange du kannst. Und heb deinen World-Trade-Center-Ausweis auf. Den kannst du mal deinen Enkeln zeigen.«

Sharon holte mich zusammen mit Liz' Mann Tom in der Station ab. Extrem erleichtert umfasste ich ihr feines Gesicht und strich über ihre langen Brauen. Ich legte meine Hand auf ihren warmen Nacken und küsste ihren herrlichen Mund. Und ich hielt sie fest und hielt sie fest. Wir waren so glücklich, am Leben zu sein, es war schon peinlich.

Wie benebelt und ganz umständlich, aber dankbar für die Beschäftigung, machten wir einen Salat für das Abendessen mit Liz und Tom und ihren drei Söhnen. Sam, zehn, war in sich gekehrt und höflich. David, acht, wollte wissen: »Warum haben sie nicht gleich alle aus dem Südturm geholt, als der Nordturm getroffen worden ist? Wie viele Menschen waren denn da drin?«

Isaac, der Sechsjährige, hatte drei Jahre vorher einen Schlaganfall gehabt. »Lila ist meine Lieblingsfarbe«, verkündete er immer wieder. Oder er streckte andeutungsweise die Hand nach mir aus und sagte: »Dein Hemd ist ganz weich.«

Wir hielten uns an den Händen, und Liz' Familie sprach ein schnelles Dankgebet auf Hebräisch für Suppe, Salat, Käse und Brot. Meine Augen wurden wieder feucht. »Wir sind die, die Nahrung in Wärme umwandeln«, dachte ich. »Wir sind die Lebenden.«

Liz sagte: »Was wir jetzt tun müssen, ist verstehen, was mit diesem Land los ist, dass es andere Leute dazu bringt, uns so sehr zu hassen, und dann schauen, ob es irgendeine andere Möglichkeit gibt, wie wir in der Welt dastehen können.«

Als die Kinder schlafen gegangen waren, schauten wir die Abendnachrichten. Peter Jennings von ABC überschlug sich beim Sprechen und war völlig fertig. Die Türme explodierten in Dauerschleife wieder und wieder; Papierwolken flatterten aus den hervorbrechenden Flammen. »Da drin ist alles mit Asbest isoliert«, murmelte Tom. Riesenklumpen aus Papier und Schlamm. Die ersten zweihundert vor Ort eingetroffenen Feuerwehrleute waren tot. Tom Brokaw von NBC war in London hängengeblieben, wo es schon früher Mittwochmorgen war. Er hielt fünf oder sechs druckfrische britische Zeitungen in die Kamera, eine nach der anderen. Und da waren sie fünf- oder sechsmal so, wie ich sie von meinem Fenster aus gesehen hatte: die brennenden Türme und der herauswuchernde schwarze Rauch.

Der letzte Rest Unglaube in mir löste sich auf. Ich hatte mir nichts ausgedacht. Das hier war keine New Yorker Massenhysterie. Was wir sahen, war real, konnte fotografiert werden, war gerade auf der ganzen Welt zu sehen. Ich schluchzte auf.

Es fühlte sich für mich furchtbar an, dass es irgendwo auf der Welt schon nicht mehr Dienstag war.

12. September

Mittwochmorgen

Liz zeigte uns den Garten und das Baumhaus, und Sharon stellte mich beim Mittagessen ihren Uni-Kolleginnen vor. Eine von ihnen sagte etwas, das mich ärgerte.

Als wir zur Bahnstation gingen, sagte ich: »Ich will da hin. Ich will es mit eigenen Augen sehen.«

»Ich auch.«

Wir warteten auf der Bank vom Bahnsteig. Es kam eine Durchsage, dass die Züge sich verspäten. Entsetzt sahen wir uns an. Dann wurde unter erschreckendem Verzicht auf jede Beschönigung durchgesagt, dass die Züge wegen eines Selbstmords aufgrund der gestrigen Ereignisse hatten halten müssen. Wir erlebten die grauenhafte Erleichterung darüber, dass nur eine einzige Person umgekommen war.

Es war warm hier draußen. In der Aufregung des vorigen Tages hatte ich – obwohl ich noch an Sharons Zahnbürste und ihre Nagelfeile gedacht hatte – nur Sachen zum zweimaligen Wechseln für mich, aber keine für sie eingepackt. Wir saßen in meinen Sommerkleidern da und beobachteten die herumpickenden Spatzen. Im Gestrüpp jenseits der Schienen hoppelte ein Kaninchen auf uns zu. Es war der Monat der Monarchfalter. Sie stiegen aus dem Efeu auf, und sie tanzten schlingernd im Sonnenlicht umeinander.

Im Zug wurde eine Durchsage gemacht: »Aufgrund der aktuellen Situation fahren unsere Züge derzeit kostenlos.«

Ich hielt Sharon im Arm, als wir Elizabeth erreichten. Der Rauch war nicht über Nacht verschwunden. Die Türme waren nicht zurückgekehrt. »Durch die wusste ich immer, wo die Stadt anfängt«, sagte sie. »Jetzt kann ich nicht mehr genau sagen, was Manhattan ist und was New Jersey.«

In der Pennsylvania Station kauften wir World-Trade-Center-Postkarten in einem Souvenirladen. Jedes Modell, jeder Schlüsselanhänger, jede unschuldige Schneekugel sprach von Verlust, Verlust, Verlust; über die zwei Türme fiel weißer Plastikschnee. Ich gab dem Ladeninhaber mein Geld, und wir schauten uns fest in die Augen, ohne zu sprechen oder zu lächeln.

Sharon sagte: »Kannst du dir vorstellen, dass das alles erst gestern, als ich durch diese Station hier gegangen bin, noch nicht passiert war?«

»Nein.«

»Ich auch nicht.«

Schon auf der Rolltreppe nach oben zur Straße rochen wir es: verbranntes Plastik, Asbest, Tod.

Dann sah ich auf einem Fußweg der Upper East Side die spärlichen Zeugnisse einer kleinen Katastrophe: ein zerbrochener oranger Scheinwerfer und eine Holzpantolette, so eine wie die von Dr. Scholl. Und dann sah ich fünf bis zehn schwankende Schritte weiter noch das: eine zweite Pantolette, in zwei Teile zerbrochen. »Was war hier passiert?«, fragte ich mich. »Welche Art Terror?«

Wir gingen von der Penn Station aus durch die 31. Straße und sahen einen auf der Straße geparkten Feuerwehrwagen, der mit grau-weißer Asche bedeckt war. Spiegel und Frontscheinwerfer waren zertrümmert. Kleine Betonbrocken häuften sich auf jeder horizontalen Oberfläche, und ein Aschefilm lag auf allen Scheiben. Leute hatten mit den Fingern Botschaften auf Englisch, Spanisch und Koreanisch in die Asche-schicht geschrieben. Und dann sahen wir auch das: einen Bogen Karton mit acht Fotografien von toten oder vermissten Männern.

Sie lächelten auf den Fotos in ihren schwarz-grü-nen Feuerwehrüberwürfen. Thomas Farino, Danny Brethel, Andy Desperito, Mike Weinberg, Steve Belson, Bill Henry. Und Pater Mychal Judge, ein Feuerwehr-geistlicher. *Menschen waren gestorben.*

Die neue Welt

Zu Hause konnten wir es nicht aushalten, drinnen zu bleiben. Wir nahmen Schals, um sie uns vor den Mund zu binden, und gingen raus: um den Versuch zu machen, im Saint Vincent's Blut zu spenden, um den Versuch zu machen, an den Chelsea Piers unsere Hilfe anzubieten.

Sie konnten unser Blut nicht gebrauchen. Sie benötigten unsere Hilfe nicht. Draußen vor dem improvisierten Chelsea-Notaufnahmezentrum standen leere Krankenwagen nutzlos Schlange.

Wenn ich schon nicht helfen konnte, wollte ich wenigstens Zeugin davon sein, was gerade passierte. Mein Ich, wie ich es kannte, war verlorengegangen. Ich war nicht mehr nur jemand. Ich war eine Stadt. Ich war eine Schaumblase in einer Welle aus Schock und Trauer.

»Schau mal, jetzt sieht das Empire State Building so hoch aus«, sagte ich. »Und wenn man sich vorstellt, dass es schon während der Großen Depression gebaut worden ist.«

»Genau so funktioniert Barbarei. Sie haben die Uhr zurückgedreht, so dass unser höchstes Gebäude jetzt vor 70 Jahren hochgezogen worden ist«, sagte Sharon.

An Wänden, Postkästen, Telefonzellen sahen wir die ersten selbstgemachten Aushangzettel; vervielfältigt auf Briefpapierformat jeweils ein Foto und eine Beschreibung:

Helfen Sie uns, JOE CIARDI zu finden
Arbeitet bei Marsh & McLennan
Alter: 22 Gr.: 1,80 m
Mittlere Statur
Augen u. Haare braun

Haben Sie PAUL RADKE gesehen?
Braune Haare, braune Augen
1,80 m, 70 kg, schmal gebaut
Blinddarmnarbe
Kleiner schwarzer Leberfleck
auf Rückenmitte
Muttermal auf der Schulter

EVELYN JONES
Ihr einziger Sohn sucht seine Mutter
Wer sie gesehen hat, bitte anrufen

»Diese Zettel sind wie Grabsteine«, sagte Sharon.

»Die Angehörigen haben die Stadt in einen Friedhof verwandelt.«

»Das muss man wohl auch«, sagte sie. »Es wird ja nie eine Leiche geben.«

Am Fluss war der Rauch sehr dicht. Wir gingen weiter, bis wir keine Luft mehr bekamen, dann gaben wir den Versuch auf, noch irgendwie näher ranzukommen. Im rosa Licht eines perfekten Sonnenuntergangs schlossen wir uns auf dem West Side Highway der Menschenmenge an, die den Rettungskräften applaudierte. »Danke. Danke.«

Wir sprachen über unsere Freundin Anita, eine Ex-Sozialarbeiterin, jetzt Feuerwehrfrau. Spontan, laut, stark wie ein Ochse, mitfühlend und nah am Wasser gebaut. Ihre Harley, ihre Dalmatiner, ihr großer roter Wagen. »Wie gut es täte, wenn wir jetzt mit ihr sprechen könnten«, sagte ich. »Ich würde mich besser fühlen, wenn sie hier wäre.«

»Wenn sie hier wäre, wäre sie da drinnen in der Stadt.«

Der republikanische Bürgermeister Giuliani forderte uns dringend auf, gegen Hass aufzustehen und muslimische New Yorker zu unterstützen. Das Cover der alternativen Village Voice trompetete: »DIESE BASTARDE!« Wohin waren wir gekommen?

Wir trafen uns mit Jennifer im West Village. Sie hätte am Dienstag um 11 im World Trade Center einen Termin gehabt. Wir aßen im Gehen, manchmal atmeten wir Pizzafett und fauligen Rauch gleichzeitig ein. »Du solltest bei uns übernachten«, sagte Sharon. »Wir haben einen Luftfilter.«

Wir gingen und gingen, hielten nach anderen Bekannten Ausschau, suchten einen Fernseher. »Lasst uns in einen Nahostladen gehen«, sagte Jennifer. »Die müssen alle total verängstigt sein.« Wir fanden einen Falafelimbiss mit Fernseher und aßen Baklava. Das Lokal war vollkommen leer, der Mann an der Theke todernst, das Baklava köstlich.

13. September

Widerstandsfähigkeit

Am Donnerstagmorgen wechselte der Wind die Richtung, der Rauch wurde in die Stadt hineingeblasen anstatt zum Wasser hinaus. Der Rauchfluss ergoss sich zu uns hin, seine sicheren blauen Uferbänke östlich und westlich von uns.

Nachdem Jennifer gegangen war, taten wir so, als ob wir arbeiten würden. Bei geschlossenen Fenstern, angeschalteter Klimaanlage und laufendem Luftfilter las Sharon etwas in ihrem Büro, und ich, noch nicht mal zu einem Versuch zu lesen in der Lage, telefonierte. Meine Schwester in Simbabwe konnte ich nicht erreichen. »Ich hab ihr erzählt, dass es dir gut geht«, sagte meine Mutter. Zwei ihrer Geschwister lebten in der Nähe, sie hatte nur von einem etwas gehört.

»Wir haben unser Einwanderungsinterview bestanden«, sagte Cassy. »Es war in der City Hall, also nah dran, aber es war am Montag. Kannst du dir das vorstellen?«

»Es sind alle okay«, sagte Katrin, »aber Bettina hat angerufen. Du weißt ja, dass sie in Tribeca wohnt? Sie und Frank sind evakuiert worden.«

»Ich bin rumgelaufen wie eine Schlafwandlerin«, sagte Melissa. »Ich hab mich gefragt, wann ich wohl mal anfangen würde zu weinen. Aber das kam dann erst, als ich von den Jugendlichen in Texas gehört hab, die die Moscheefenster zerschossen haben.«

Hustend registrierte ich die hauchfeinen Rauchfäden, die durch die Fensterritzen krochen und sich durch die Klimaanlage wanden wie Sperma durchs Kleid einer Abschlussballkönigin.

»Es hat keinen Sinn. Lass uns abhauen. Wir können versuchen, ein Stück blauen Himmel zu finden.«

»Jennifer ist übrigens zur Arbeit gegangen, aber dann evakuiert worden«, sagte Sharon. »Bombendrohung.«

»Vielleicht können wir ein paar Atemmasken bekommen und versuchen, Blut zu spenden.«

In der Klinik an der Ecke gaben sie gerade Masken aus, weiße mit Gummibändern und einem Metallstreifen, der übers Nasenbein gebogen werden kann.

Die Schulen waren geschlossen. Die Läden waren geschlossen. Es galt ein Fahrverbot südlich der 14. Straße. »Ein Manhattan ohne Autos war immer mein Traum«, sagte Sharon, »aber das ist grauenhaft.«

»Ich hab ja normalerweise allen Anzugträgern den Tod an den Hals gewünscht«, sagte ich hustend, »aber das ist einfach entsetzlich.«

Wir gingen in der Mitte der verlassenen Straße und kamen an drei kleinen Mädchen vorbei; sie trugen ihre weißen Masken und spielten im Spätsommerlicht Seilspringen.

Regel 434

VASANTHA KUMAL
23 Jahre alt
1,70 m 52 kg
Geb. 17.8.78

Geliebt und vermisst:
SALLY LO
Größe: 1,74 m
Gewicht: 59 kg
Hat für Marsh and McLennan gearbeitet
in der 99. Etage, Turm 1
Merkmale: Hat ein Drachentattoo
auf der Rückenmitte
mit einem chinesischen Schriftzeichen in Rot
Hat zusätzlich ein Tribaltattoo
in der Mitte des unteren Rückens
oberhalb vom Steißbein
Sollten Sie irgendwelche Informationen
über ihren Aufenthaltsort haben,
bitte anrufen

Wir trafen auf den Hauptgedenkort vom Washington Square, nachdem wir einem blauen Himmelsstreifen folgend in Richtung von Jennifers Wohnung im West Village gegangen waren. Beim Washington Arch hatten Menschen an dem Maschendrahtzaun, der den Triumphbogen umgab, Blumen hinterlassen.

Es gab sehr viele Vermisst-Zettel, jede Menge Kerzen. Ein Zitat von Gandhi. Ein Zitat von Häuptling Seattle. Jemand hatte große Kartonbögen und einen Stift am Zaun zurückgelassen. Ich wollte etwas beitragen, aber ein Knoten aus Schock und Traurigkeit schnürte mir die Kehle zu. »Friede auf Erden«, schrieb ich hin.

Ich sah einem jungen Fahrradkurier zu, der ein Blatt Papier hervorholte und es in den Drahtzaun schob. Es war ein zur Hälfte verbrannter Aktenvermerk, der von den Türmen heruntergeflattert war. »Neue Regel 434: Erforderliche Einreichungen von Anfragen zur Gewährung einer Fristverlängerung.«

> Ich reiche eine Anfrage zur Gewährung einer Fristverlängerung ein für VASANTHA KUMAL

> Ich reiche eine Anfrage zur Gewährung einer Fristverlängerung ein für SALLY LO

Ich berührte die angekokelten Ränder des Papiers, gelblich und brüchig wie Mottenflügel. Der Fahrradkurier radelte wieder südwärts davon.

Am Washington Arch

Eine Frau tippte mir auf die Schulter. »Hi, wir machen ein Videoprojekt, und wir wollten fragen, ob Sie bereit wären, sich interviewen zu lassen. Wir suchen nach allen möglichen positiven Geschichten, die Menschen in all dem Unglück immer noch entdecken konnten.«

»Ist das für Ihre Kirche?«, sagte Sharon und zeigte dabei auf das »One Light«-T-Shirt der Frau.

»Nein, wir interessieren uns einfach nur für Spiritualität«, sagte die Frau.

Ein Teil von mir wollte nur die Augen verdrehen, ein anderer, größerer Teil von mir ließ aber die Maske fallen. »Ich habe das unglaubliche Glück, am Leben zu sein«, sagte ich, »und das unglaubliche Glück, dass ich persönlich niemanden verloren habe. Aber wir alle trauern. Ich habe Angst vor einem weiteren Anschlag hier, aber gerade noch mehr Angst davor, was unser Land Tausenden unschuldigen Menschen anderswo antun könnte. Wir sollten das nicht mit gleicher Münze heimzahlen, sondern uns als Nation darüber Gedanken machen, wie uns das zustoßen konnte, wo wir uns nur zu unserem eigenen Vorteil eingemischt haben und wo wir es verpasst haben, uns einzumischen.

In der Zeitung sagen Leute im Moment, dass wir jetzt wissen, wie sich Israel fühlt, als ob nur das Leid unserer Verbündeten Mitgefühl verdient hätte. Nagasaki, Hiroshima, Mỹ Lai, Irak: Wir wissen jetzt, wie es sich anfühlt, wenn man Unschuldige sterben sieht.

Ganz viele von uns fühlen sich hilflos. Wir wollten Blut spenden und wurden weggeschickt. Wir wollten Hilfsdienste leisten und wurden weggeschickt. Gestern Abend hat es gutgetan, am West Side Highway den Rettungskräften zu applaudieren. Das war nichts weiter, stimmt, aber es fühlte sich nach etwas an. Gehen Sie doch bitte mal dahin und filmen das, wenn Sie dazu Zeit haben.«

»Haben wir schon«, sagte die Frau. »Das ergreift einen wirklich. Und eine Sache würden wir gern noch wissen: Warum sind Sie heute hierhergekommen?«

Ich vergaß, zu sagen: »Um unsere Freundin zu finden, die evakuiert worden ist.« Ich vergaß, zu sagen: »Weil ich keine Luft mehr bekommen habe.« Ich sagte: »Weil wir uns selbst fragen müssen: Ist das, was ich gerade tue, für mich oder irgendwen anderes sinnvoll? Und wenn nicht, sollten wir uns vielleicht fragen: Was könnte ich stattdessen tun? – Na ja, das ist alles. Danke fürs Zuhören.« Ich wurde rot.

»Meine Fernsehpredigerin«, sagte Sharon stolz, als wir weggingen.

Gesammeltes aus der donnerstäglichen Stadt

Wir kamen bei Jennifer an und schauten bei ihr fern. »War das immer schon so verschwommen?«

»Erst seit Dienstag«, sagte sie. »Und ich kann jetzt nur CBS empfangen. Die anderen Sender wurden übers World Trade Center ausgestrahlt.«

Man hatte erst gedacht, man hätte fünf Menschen aus den Trümmern gerettet, aber es waren fünf Rettungskräfte, die nur Stunden vorher da reingegangen waren. Der Trümmerhaufen hatte sich mit einem Aufstöhnen abgesenkt, und Menschen waren in Panik geflüchtet. Blutbanken schickten weiterhin die Leute wieder weg. Es wurde zum Spenden von Stiefeln, Kleidung und Verbandszeug auf dem Pier 40 in Tribeca aufgerufen.

Während ich Rauch einatmete, tunkte ich Chips in ein Salsaglas. »So wird Essen jetzt immer schmecken.«

Wir gingen nach draußen. Auf der Hudson Street: seichte Ascheverwehungen und Glasscherben.

»Giuliani hat gesagt, sie werden jeden verhaften, der die Bewohner von New York durch Preistreiberei ausbeutet«, sagte Jennifer. »Find ich gut.«

»O ja«, sagte Sharon. »Mein Lieblingsspruch war der, als er gesagt hat, dass alle, die eine Bombendrohung für lustig halten, in den Knast gehen.«

90 gemeldete Bombendrohungen, und keine Bomben! Dafür liebe ich New York: 90 irre Spinner, und

keiner bösartig genug, um die Sache wirklich durch-
zuziehen.

»Seid ihr schon wütend? Ich bin irgendwie ganz be-
täubt.«

»Ich auch.«

»Ich genauso.«

»Ich hab im Internet nach Bin Laden geschaut«,
sagte Sharon. »Er ist der Sohn von einer der Frauen
eines Baumagnaten aus Saudi Arabien. Er hatte mal
was mit dem Bauwesen zu tun.«

»Dann sind Gebäude genau sein Ding«, sagte ich.
»Wenn er's gewesen ist.«

»Was ist sein Sternzeichen?«, fragte Jennifer.

»Er hat seinen Geburtstag nirgendwo angegeben.«

Wir brachten Kleidung zum Pier 40. Wir brachten
Wasserflaschen zum Roten Kreuz. Wir gingen dem
blauen Himmelsband hinterher, bis wir es nicht mehr
finden konnten, und machten uns dann – flach at-
mend – auf den Weg nach Hause.

Meine Doktorarbeit in PR

Auf der Sixth Avenue die ersten Poster mit Stars and Stripes und »Angriff auf Amerika!«

Und als wir wieder am Washington Arch vorbeikamen, sahen wir am Maschendrahtzaun, dass jemand gelbe Hawaii-Plastikblumenketten zerschnitten und an jeden Pfosten gebunden hatte: also alles schon wieder voll mit diesen gelben Golfkriegsschleifen.

»Jemand hat bereits entschieden, wie wir das hier zu nehmen haben«, dachte ich angewidert. Und ich verstand jetzt Loudi, die bei einem Non-Profit-Kabelsender arbeitet. Als wir an diesem Morgen miteinander gesprochen hatten, hatte sie mir erzählt, dass sie den ganzen Dienstag damit verbracht hatte, die Leute über alternative Nachrichtenquellen zu informieren und Überschriften von Websites aus anderen Ländern vorzulesen, um einfach noch andere Stimmen jenseits von CNN zu senden. »Sharon«, sagte ich durch meine Maske, »lass uns irgendwas tun. Ich will durch die Straßen gehen und das sehen, woran ich glaube. Lass uns Aufkleber machen.«

Beim Tee schrieb ich auf, was ich noch von dem im Kopf hatte, was ich zu den Videomenschen gesagt hatte. »Ist großartig, aber zu lang«, sagte Sharon. »Wie wär's mit: ›Die halten uns auch für Monster. Lasst uns ihnen das Gegenteil beweisen.‹«

»Okay. Und einer, wo draufsteht: ›Gerechtigkeit ohne Gemetzel‹.«

Ich gestaltete sie, ich druckte sie auf Aufkleber-papier, ich schnitt sie aus, und wir gingen in dieser Nacht im Viertel herum, um – wenn schon niemandem sonst – zumindest uns selbst einen anderen Anblick zu verschaffen.

Das war nichts weiter, stimmt, aber es fühlte sich nach etwas an.

14. September

Der grausamste Tag

Wir erwachten bei Regen. »Dann kann der Rest von Manhattan nicht mehr in Brand geraten«, dachte ich, »aber der Schutt wird schwerer sein.« Wenn man Wasser in ein Lagerfeuer gießt, entsteht Rauch: Ich dachte an Menschen, die unter den Gebäuden gefangen waren und gerade durch das Einatmen von Rauch starben. Ich dachte über das Asbest von zweihundertzwanzig Etagen nach, das gerade raus ins Meer rieselte und sich die Nahrungskette hocharbeitete. Ich schlief wieder ein.

Sharon arbeitete an diesem Morgen zu Hause, und ich machte Anrufe. Ich rief Ex-Geliebte an oder Bekannte, die zu ihnen noch Kontakt hatten. Ich versuchte telefonisch etwas über meinen Onkel auf Long Island herauszufinden. Meine Cousine sagte, dass es ihnen allen gut ginge, aber zählte mehr Vermisste aus ihrer Stadt auf, als ich ertragen konnte. Sie erwähnte Nostradamus; wir hatten beide als Kinder dieselbe Sondersendung im Fernsehen gesehen. Und da war es nun, so beängstigend wie poetisch: ein Meer von Geisterschiffen. Ein Meer von verwaisten Autos auf Pendlerparkplätzen lange nach Mitternacht am Dienstag.

Dann rief ich meinen Onkel an, der in Connecticut lebt. Ich spürte seine unbeschreibliche Ratlosigkeit an dem weichen Ton, mit dem er fragte: »Kriegt ihr alles, was ihr braucht, da unten? Mineralwasser?«

Am Mittag gingen wir zum Versammlungshaus der Quäker, aber es war geschlossen. Ein Schild schickte uns zur Episkopalkirche nebenan.

»Ein jeder nähert sich Gott auf eigene Weise«, sagte der Pfarrer. Er war heiser und bat jemand anderen, das Lied anzustimmen »My country, 'tis of thee, / Sweet land of liberty«. Die Worte waren wie Seife und Asche in meinem Mund, aber ich sang. Und dann weinte ich in meiner Kirchenbank, weil ich in meinem Herzen gelauscht und keinen Gott gehört hatte.

Wie die Quäker hatte ich bis dahin an den göttlichen Funken in jedem Menschen geglaubt, aber ich hatte nicht gedacht, dass dies schon Gott in seiner oder ihrer Gänze sein sollte. Aber mit niederschmetternder Klarheit erkannte ich jetzt, wie klein ein Funke ist, nämlich nur eine leicht mit feuchten Fingern zu löschende Sache. Eine Sache, die man ganz einfach mit dem Fuß austreten kann. Ich erkannte, was Annie Dillard erkennt: einen winzigen Gott, einen brüchigen Gott, eine Motte, die unseren rohen und geschäftigen Händen gegenüber bloß hilflos ist.

Der Pfarrer lud Leute dazu ein, aufzustehen und zu sprechen, wenn sie wollten. Eine Frau fing an zu predigen: »Der auferstandene Jesus ... Der auferstandene Jesus ... Der auferstandene Jesus ...« Wir gingen.

Als wir herauskamen, regnete es. Eine grüne Mauer sah gegen den schlammigen Himmel ganz frisch und feucht aus. »Hübsch«, sagte ich.

»Erinnerst du dich an den Misofisch, den wir im Nobu hatten? Ihre ›Heiße Spezialität des Hauses‹?«

Der Geschmack von salzigem Kabeljau und süßem Miso gehörte einer Welt an, die ich mir gerade nur wie durch die falsche Fernglasseite schauend vor Augen führen konnte. »Willst du da noch mal hin?«

»Na ja, nicht heute«, sagte Sharon. Sie schwieg für einen langen Moment. »Aber diese Hamentashen, die du nach Princeton mitgebracht hast, waren gut. Wo hattest du die her?«

»Von Moishe's, die Straße weiter runter.«

»Wirklich?«

Moishe's hatte auf. Die am Dienstag grauen und stillen Frauen redeten heute wieder, wogen Kekse ab und machten Verpackungen auf.

»Ich hab gar nicht gewusst, dass Moishe's so gut ist. Kannst du dich noch an diesen riesigen staubigen Keks von denen erinnern, den Neil uns mitgebracht hat? Das war nicht deren ›Heiße Spezialität des Hauses‹.«

Ich lachte das erste Mal seit Tagen laut auf, wobei ein schwarzer SUV abrupt und schlingernd auf unsere Straße einbog.

»Hey! Auf Fußgänger achten!« Sharon schüttelte ihre Faust.

»Ich nehme mal an, es gibt kein Fahrverbot mehr ab der 14.«, sagte ich.

Man wird noch sehen, wie »April ist der grausamste Monat[*]« in großer kursiver Schrift die Seiten von allen

---

[*] Die ersten Worte in T. S. Eliots Langgedicht *Das wüste Land* (*The Waste Land*, 1922).

Frühjahrskatalogen ziert: Godiva, Victoria's Secret, J. Crew. Kümmert es die, was es bedeutet?

Es ist der Freitag nach dem Weltuntergang an einem Dienstag.

Ein Zurückschrecken ins Leben, das ist es.

Gesund gemacht, was der Heilung bedurfte

Sharon machte Käsetoasts, und wir trafen uns mit Jennifer in der Blutbank. »Nur mit Voranmeldung«, teilte das Schild mit. Wir stiegen wieder in den Bus nach Downtown und nahmen Kerzen mit für eine Totenwache im Tompkins Square Park. Auf unserem Weg sahen wir ein kleines Mädchen auf einer Vortreppe sitzen und mit Kerze in der Hand lesen.

Wir standen schweigend in der zunehmenden Dämmerung, ein- bis zweihundert Menschen mit Kerzen in den Händen und locker verteilt um eine Kerze auf dem Boden versammelt.

Wir fühlten uns allesamt unwohl, waren verlegen, mit unserer Trauer allein und unsicher. Was wurde jetzt von uns erwartet? Wir empfanden unsere Kerzen als unzureichend, hochtrabend und maniert. Dann ging ein rothaariger Mann in einer weißen Kochjacke, der anscheinend in seiner Arbeitspause da war, in die Mitte, stellte dort andächtig seine Kerze ab und entfernte sich. Ich dachte an die Menschen im Windows on the World, das Küchenpersonal des Turmrestaurants, die Bedienungen, die Tellerwäscher, jetzt arbeitslos oder tot. Jemand seufzte auf. Eine Frau ging in die Mitte und stellte ruhig ihre Kerze ab. Diese Wiederholung brachte uns zusammen. Nun wussten wir, was zu tun war.

Während wir immer einzeln in die Mitte schritten, wuchs die Kerzenansammlung zu einem Mandala, einer Insel, einer kleinen, hell erleuchteten Stadt heran, zu einer Skyline in Flammen, aber nicht in Gefahr. Ich hätte mir gewünscht, dass jemand zu singen anfängt. Mein Körper sehnte sich danach, durch Gesang aufgerichtet zu werden. »An den Strömen von Babel, da saßen wir und wir weinten. – Dona nobis pacem, dona nobis pacem, dona nobis pacem.« Mir fielen lauter Liebeslieder ein und nur ein Gebet und eine Klage. »Gib uns deinen Frieden. – Da saßen wir und wir weinten.«

15. September

Betäubt

Am Samstagmorgen, als Sharon noch unter der Dusche war, rief Jennifer an, um zu sagen, dass sie in der Kirche Our Lady of Pompeii ganz in ihrer Nähe Proviant und anderes für die Feuerwehrleute sammeln würden. »Sie haben gesagt, dass die Feuerwehrleute sich richtig über Selbstgemachtes freuen«, sagte sie. »Ich glaube, ich werde ein paar Kekse backen.«

Zu diesem Zeitpunkt kam mir die Idee, Kekse für die Feuerwehrleute zu backen, so hoffnungslos, so mädchenhaft vor, dass ich am liebsten irgendwo reingekrochen wäre, um mich zu verstecken.

Ich wollte allein sein. Da ich mit Sara für Sonntag lose zur Teezeremonie verabredet war, kaufte ich Süßigkeiten in Chinatown. Der Mann in dem Geschäft versuchte mir eine amerikanische Flagge mitzugeben. Draußen auf der Canal Street sah ich auf den ersten T-Shirts »Amerika schlägt zurück« und »Ich habe das World Trade Center überlebt«.

Hinter der Canal Street war der Verkehr abgeriegelt. Ich musste durch eine Polizeiabsperrung, um zu einem taiwanesischen Teehaus zu kommen, das ich mochte. In einem buddhistischen Tempel in einem Ladenlokal zündete ich ein Räucherstäbchen an. Dumpf sah ich zu, wie der Rauch sich durch die drückende Luft kämpfte.

Mir fiel auf, dass ich seit Dienstag das erste Mal wieder von Sharon getrennt war. Inzwischen hätte ihr alles Mögliche passiert sein können. Die ersten zwölf öffentlichen Telefone, bei denen ich es versuchte, funktionierten nicht, und als ich endlich durchkam, war sie nicht da.

Ich fuhr nach Hause. Sara rief an, um zu sagen, dass sie am Sonntag doch nicht zum Tee kommen könne.

Ich arbeitete ein bisschen, endlich mal. Ich sank in die rein gebliebenen Arme der Arbeit.

Katholische Kathedralen bieten genauso wie sogar kleinste buddhistische Tempel in Ladenlokalen zum Hauptraum Seitenaltäre an. In Kathedralen sind das Heiligenaltäre – Josef mit einem Stab, Agnes mit einem Lamm, Lucia mit ihren Augen auf der Schüssel –, zu denen Pilgernde mit ihren speziellen Bittgesuchen kommen. Bei Hausverkäufen gehen sie zu Josef, bei Reisen zu Christopherus, in hoffnungslosen Fällen zu Judas.

»Meine Welt ist zu einem diesem Schrecken gewidmeten Tempel zusammengeschrumpft, in dem ich von Altar zu Altar kreise. Es gibt das ganze Pantheon hier: eine, die weint, eine, die wütet, eine, die zu helfen versucht. Eine, die schon wieder lacht. Eine, die sterben will. Heute räuchere ich für die eine, die die Zeitung nicht lesen kann, für die, die keine Hoffnung hat.«

16. September

Ein Linderungsmittel

Der Sonntagmorgen fühlte sich an wie eine bloße Wiederholung des Samstags. Ich saß auf der Couch und starrte durchs Fenster auf die Rauchsäule, inzwischen weiß statt schwarz. Sharon hatte die neue Björk-CD eingelegt; sie wirkte wie eine Zeitkapsel, wie ein kurioser Schnappschuss aus der kleinen Welt von vor Dienstag. »Ich glaub, ich kann das gerade nicht ertragen. Tut mir leid.«

»Gut, und was willst du machen?«

»Nichts.«

»Können wir den Süßkram essen, den du gestern gekauft hast?«

»O ja, lass uns eine Teezeremonie machen. Es wird guttun, mal für eine Stunde über nichts anderes nachzudenken.«

Ich faltete den Futon zusammen, ölte den Holzrahmen ein und wischte die Tatamis ab. Ich bat Sharon, irgendetwas Blumenartiges zu finden, und sie tat Basilikum aus ihrem Pflanzkasten in eine Vase an der Wand. Wir setzten uns auf den grasig duftenden Tatamiboden, und ich servierte ihr Süßigkeiten. Ich platzierte einen Teelöffel aus Bambus und eine Lackdose. Ich nahm heißes Wasser mit dem Schöpflöffel aus Bambus und goss es in eine Teeschale. Ich tauchte einen neuen Teebesen aus Bambus in dieses Wasser: Er ging auf wie eine Blüte, und seine eingerollten Enden entfalteten sich im heißen Nass. Ich schüttete das Wasser weg und wischte die Teeschale mit einem Leinentuch aus. In der Lackdose befand sich ein sanfter Hügel glänzend grünen Teepulvers. Ich schaufelte etwas davon in die Schale, und während Sharon ihre Süßigkeiten aß, fügte ich heißes Wasser dazu und rührte Tee und Wasser zu einem Schaum auf. Sharon trank, und ich bereitete mir selbst etwas davon zu und durchschnitt dann die zähe Klebrigkeit der Süßigkeiten mit der schaumigen Herbheit des Tees.

Und genauso achtsam säuberte ich alles wieder und räumte es weg. Ich sandte ein Gebet an Kannon, die Göttin der Barmherzigkeit Guanyin. Draußen strahlten grün die Bäume, machten Licht zu Zucker und atmeten saubere Luft aus.

Manche gingen an diesem Wochenende ins Kino, manche ins Fitnessstudio, um ihre Trauer wegzudrücken. In der New York Times hieß es: »Die Welt des Profisports – ein Linderungsmittel für viele Amerikaner – stand nicht zur Verfügung«, da die meisten Veranstaltungen bis Montag gestrichen worden waren.

»Lass uns zum Park gehen«, sagte Sharon. »Ich mochte dieses Audre-Lorde-Zitat, das du angeklebt hast: ›Wir müssen lernen, die Weiterlebenden mit der gleichen besonderen Aufmerksamkeit zu zählen, mit der wir die Toten beziffern.‹«

Stummer Frühling*

Die Vermisst-Zettel – die Gesichter der Toten – waren auf der Upper East Side weniger zu sehen, das galt aber auch für die Gesichter von Lebenden. Wir fuhren mit dem Bus an Dutzenden, an Hunderten Geschäften vorbei, alle waren geschlossen. All die Dinge dieser Welt – Opale, Mäntel und Kaschmirwolle, Lederstiefel und Silbertabletts – gab es heute nicht zu kaufen. »Ich hoffe, das ist bloß so, weil heute Sonntag ist«, sagte Sharon. »Diese Leute können es sich nicht leisten, die ganze Woche geschlossen zu haben.«

Wir gingen in den Central Park und setzten uns auf einen Felsen. Sharon las etwas; ich hatte meinen Arm um ihre Hüfte gelegt und saß still da, betrachtete das Sonnenlicht zwischen den Blättern einer Eiche und die herumliegenden Eicheln. Ich nahm tiefe Atemzüge frischer Luft. Kinder fuhren Inlineskates, Erwachsene schlummerten oder zeichneten. Nur wenige Meter entfernt platschte Vogelkot auf den Boden.

»Hey, ich hab gerade die Feuerwehr gehört, ohne gleich Panik zu bekommen«, sagte Sharon.

»Das ist wirklich neu«, stimmte ich zu.

Auf dem Broadway verkündete die Leuchtreklame auf einem Vordach immer noch ein abgesagtes Kon-

---

* Nach Rachel Carsons Buch *Der stumme Frühling* (*Silent Spring*, 1962) über die apokalyptischen Folgen des Einsatzes von Pestiziden.

zert. Fairway war gedrängt voll mit Leuten, die es endlich über sich gebracht hatten, Gemüse zu kaufen. Mit einem Ohr hörte ich eine Frau sagen: »Es hängt alles in der Schwebe.« Mit dem anderen: »Alles ist in der Warteschleife.« Als Sara am Telefon abgesagt hatte, hatte sie auch gesagt: »Alles ist im Moment nur von jetzt auf gleich. Ich kann gerade gar nichts planen.«

Union Square

Wir nahmen mit unseren Einkäufen den Bus zur 14. Straße und stiegen dort aus. Der Union Square war belebt durch Trauer. Hunderte wanderten in der Spätnachmittagssonne umher, zündeten Kerzen an, legten Blumen nieder, lasen die Aushangzettel über die Betrauerten und Vermissten.

> PATRICK MICHAEL KEENAN,
> genannt RICKY
> 23. März 1964, 1,83 m, 82 kg
> Augen: braun Haar: rotblond
> Ein Silberring am Ringfinger jeder Hand
> Bitte melden

> Herr KENJIRO SATO
> Haarfarbe: Schwarz
> Augenfarbe: Braun
> Größe: 1,74 Meter
> Er trägt gewöhnlich Brille
> Er trägt eine kieferorthopädische
> Zahnklammer
> Japaner
> Sollten Sie ihn finden, rufen Sie bitte an

> ANUPA BANERJEE und RAJ SINGH
> 26 und 36 Jahre alt
> tätig in der IT-Betreuung /

tätig als Leiter Audio/Video
Marsh & McLennan
Bitte Anil anrufen

Ricky grinste mit seiner Brille auf der Nase, Herr Sato hielt seine Tochter, Raj und Anupa standen lächelnd beieinander.

Vermisst wird BETH ROBERTS

Vermisst wird JIMMY GLYNNE

Scharenweise Kinderzeichnungen waren an Drahtzäunen angebracht: Jedes Klassenzimmer New Yorks hatte hier Zeugnis abgelegt. Menschen hinterließen Fotos und Gedichte. Sie hinterließen Puppen und Bibeln und Baseballkappen. Und sie hängten Zettel auf.

Auge um Auge macht die ganze Welt blind

Unsere Trauer schreit nicht nach Krieg

Auf dem Vorplatz des Parks stand eine Frau auf einem Stuhl und hielt eine Ansprache sowohl gegen Hassverbrechen zu Hause als auch gegen Bombardements im Ausland. Sie war als Freiheitsstatue verkleidet und vollständig grün angemalt.

In ihrer Nähe spielte ein Gitarrist für einen kleinen Kreis von Zuhörern. Ein Stück weiter fächerte eine Jazzgruppe die Luft zu einer süßlich-schmerzlichen

Brise, und hinter ihr hörten wir vielstimmigen Sprechgesang.

Tibeter waren zum Trauern hierhergekommen und um für den Frieden zu beten. Fünfzig oder sechzig saßen im Kreis um einen Wald aus entzündeten Räucherstäbchen und Kerzen, blätterten die Seiten ihrer Gebetbücher um, lasen von rechts nach links. Wir setzten uns hinter sie, Arm in Arm, und ließen uns vom aufsteigenden Klanggewebe tragen. Sie sangen. *Sie sangen.*

Ich hatte Katrin mal nach den weißen Seidenschals gefragt, die auf tibetischen Altären um Buddhastatuen drapiert sind. Sie sind auch an den Türen tibetischer Restaurants zu sehen, und am Ende von *Sieben Jahre in Tibet* erhält Brad Pitt so einen weißen Schal zum Abschied. Sie erzählte mir: »Das ist eine Khata. Sie schenken sie zum Beispiel ihren Lamas.« Ein bis oben hin mit Khatas vollgeknoteter Pfosten stand jetzt hier in der Mitte des singenden Chors.

Sharon seufzte. »Sie haben so viel erlitten, und sie setzen sich immer noch für Gewaltlosigkeit ein.«

Ich senkte meinen Kopf und ließ ihre singenden Stimmen meinen Brustkorb durchbrummen.

Gemeinschaft

Wir gingen nach Hause und schliefen das erste Mal seit einer Woche wieder miteinander. Sie war ein goldenes Samtpferd; Stück für Stück mein geflochtenes Tau; meine Mondin; mein Eigen; meine Odaliske. Sie erzitterte ins Fliegen, und dann weinten wir.

Sie waren bei uns, die Tausenden Vermissten, ihre Fotos im geisterhaft weißen Rahmen des Standard-Briefpapierformats. Sally mit ihrem kleinen Hund, Vasantha in ihrem Abschlusskleid mit Lilien im Arm. Jimmy, Beth, Evelyn, Paul. Flache, rechtwinklige Geister, schlotternd in der geplagten Luft. Hilflos auf ihren Hochzeitsfotos, hilflos in ihren Hemden und Pullovern, hilflos ihre Kinder haltend. Die Toten aus achtzig Nationen. Die Toten jeder Hautfarbe. Die Toten, die wir immer noch als »vermisst« bezeichneten und deren Überraschung und Grauen uns festhielt, während wir verzweifelt an ihnen festhielten.

»Ich hab ihre Gesichter gesehen, Sharon.«

»Ich auch.« Und eine Minute später sagte sie dann: »Wir müssen etwas tun.«

17. September

Radio am Montag

Sie haben gesagt, dass sich ihr Sendemast auf dem World Trade Center befunden hatte.

Sie haben gesagt, dass auf den U-Bahn-Linien 1/9 und N/R die Stationen Rector Street und Cortlandt Street bis auf unbestimmte Zeit geschlossen sein würden, weil sie entweder überflutet oder zerstört worden waren.

Sie haben gesagt, es käme im Lincoln-Tunnel zu zwei Stunden Verspätung.

Sie haben gesagt, der Börsenhandel öffnet heute um 9.30 Uhr wieder.

Sie haben gesagt, dass die Mets am Abend gegen Pittsburgh spielen.

Sie haben gesagt, die USA könnten ihr Verbot der eigenen Teilnahme an Attentaten im Ausland aufheben.

Sie haben gesagt, der Iran hat seine Grenze für afghanische Flüchtlinge geschlossen.

Sie haben gesagt, Präsident Bush habe verlauten lassen, dass die Taliban mit Luftschlägen zu rechnen hätten, wenn sie Bin Laden nicht ausliefern würden.

Sie haben gesagt, dass wegen des jüngsten Bürgerkrieges in Afghanistan keine sehr bedeutenden Angriffsziele mehr übriggeblieben waren.

Sie haben gesagt, dass Tausende Fallschirmjäger mobilisiert worden waren.

Sie haben gesagt, dass die Parkregelungen mit Straßenseitenwechsel ausgesetzt worden waren.

Sie haben gesagt, seit Mittwoch ist niemand mehr lebend gefunden worden.

Etwas

Der Radiosender ließ erstmals seit Dienstag wieder Werbespots laufen, manchmal gleich mehrere nacheinander, um verlorene Zeit wettzumachen. Und jenseits der babylonischen Sprachverwirrung über bessere Fensterglasreiniger und bessere Autoalarmanlagen erhob sich die weiße Wolkensäule über den Süden der Stadt.

Sharon fuhr nach Princeton, hauptsächlich um ihre Angst davor, wieder voneinander getrennt zu sein, zu bekämpfen, und überhaupt ihre Angst vor dem Herumfahren.

Sie leitete mir E-Mail-Schreiben weiter, die sie an den Präsidenten und an Senatoren geschickt hatte, eins von Samstag, eins von Sonntag und eins von diesem Morgen.

Ich stellte Postkarten her. Auf einer schrieb ich einen Brief an den Präsidenten:

»Ich lebe in New York und habe die Brutalität eines Anschlags auf ganz normale Bürgerinnen und Bürger dieser Stadt miterlebt. Ich bitte Sie darum, die Täter zur Rechenschaft zu ziehen, ohne das Leben unschuldiger Menschen zu gefährden.«

Ich setzte die E-Mail-Adresse und die Telefonnummern des Weißen Hauses dazu. Und auf der anderen Seite listete ich die E-Mail-Adressen von Senatorinnen und Senatoren, von NBC, CBS, CNN, USA Today und New York Times auf. »Sagt der Welt, sie soll zum Union

Square kommen und sich selbst davon überzeugen: New York will Gerechtigkeit, kein Gemetzel.«

Ich brachte meine Originale in Santos Copyshop und ließ sie auf leuchtend-frühlingsgrünen Fotokarton drucken. Santo schaute sie sich an, nickte und gab sie mir zum halben Preis. »Lass mir ein paar da, um sie hier Leuten zu geben«, sagte er. Ich kaufte noch Briefmarken. Und ich kaufte Klebeband.

Ein junger Mann, nicht gerade der Typ Leser, kam mir hinterher. »Wegen Gemetzel, was ist denn damit?«

Ich schaute zu ihm hoch, scheu. »Was hier passiert ist, darf nirgendwo passieren, oder nicht?«

»Genau, und im Golfkrieg haben wir die ganzen Leute umgebracht und den Typen trotzdem nicht gekriegt. Ich will nicht eingezogen werden, wenn wir den Typen gar nicht kriegen können.«

»Ich weiß«, sagte ich und verdrehte die Augen. »Er könnte genauso gut in Monaco sein. Er könnte auch hier sein.«

»Er ist in Atlantic City«, sagte er. »Er ist im Taj Mahal Casino.«

Der Schlüssel der Träume

Meine Freundinnen waren alle zu gelähmt gewesen, um sich zu treffen, aber am Montagabend ging ich endlich zu Katrin, die am Union Square arbeitete.

»Es sah so dicht dran aus am Dienstag«, sagte sie. »Wir hatten alle solche Angst.«

Ihr taten die Arme weh: Sie hatte am Abend vorher sieben Stunden lang freiwillig bei der Heilsarmee geholfen. »Wendy und ich haben Kartons geschleppt und Pakete für die Feuerwehrleute zusammengestellt. Ich hab gestern Nacht mehr Minimuffins eingepackt, als ich je in meinem Leben sehen wollte. Aber es war schön, die müden Knochen zu spüren, weil man irgendwas *tut*, anstatt sich nur so hilflos und schlafwandlerisch zu fühlen.«

»Verstehe ich sehr gut. Wie hast du denn in den letzten Tagen geträumt?«

»Ich kann mich an keine Träume erinnern«, sagte sie. »Ich hatte ja nur ab und zu ein paar Stündchen Schlaf. Ist auch wahrscheinlich ganz gut, dass ich mich an nichts erinnere. Und was ist mit dir?«

»Totaler Eskapismus: ein Haus voller schlafender Kätzchen. Und Träume im National-Geographic-Stil: ›Wunderschöner Kontinent Afrika‹. ›Wunderschöne Inselwelt der Aleuten‹. Und dann wache ich auf und befinde mich in einem Alptraum.«

»Ja. Diese Träume sollte mal jemand katalogisieren.«

Wir gingen mit ihrer Mitbewohnerin Wendy und Wendys Freund Todd ins Benny's Burritos im West Village. Die Bedienung war hier – wie überall in dieser Woche – gespenstisch nett.

»Könnten Sie irgendetwas wegen dieses Gemäldes unternehmen?«, fragten wir. Genau über unserem Tisch hing eine riesige Leinwand mit einer nächtlichen Stadt darauf und einem dicht über sie hinwegfliegenden Flugzeug, das mit seiner stumpfen Nase direkt aufs Publikum zielte.

Der Kellner machte ein betretenes Gesicht. »Wir haben darüber gestern schon mit dem Geschäftsführer gesprochen.«

18. September

Notizen aus der Woche danach

Dienstagmorgen, 5400 Vermisste, 215 bestätigte Tote. Vor dem Fenster ein schmutziger Dunst, wo normalerweise die Türme waren. Die Vereinigten Staaten haben Pakistan gebeten, die Taliban zu bitten, Bin Laden zu übergeben. Die Taliban übergeben die Frage an eine Gruppe islamischer Gelehrter. (»Wissen die überhaupt, wo der ist?«, fragte ich laut.) Die Mets hatten gegen Pittsburgh gewonnen. Leichte und wechselnde Brise, ein Hoch mit 26 Grad.

Das Radio fragte mich, ob ich mich traurig oder leer fühlen würde. Ob ich Schwierigkeiten hätte, meinen Alltag zu bewältigen. Ob ich Probleme mit dem Einschlafen hätte. Es war eine Werbung für Antidepressiva.

Kathy erzählte mir, dass bei ihrer Freundin Melody im Zug ein Typ angefangen hatte, einen Mann aus dem Nahen Osten anzupöbeln. »Schluss! Schluss!«, hatte Melody den Schikanierer angeschrien. »Bringt den Mann raus aus dem Zug!« Die anderen Fahrgäste taten sich zusammen und schafften den Angegriffenen sicher aus dem Zug. Aber warum hatten sie sich nicht stattdessen den Mistkerl vorgenommen?

In dieser Woche: Eine E-Mail von meiner Lektorin. Ein Anruf aus Afrika und einer aus Frankreich. Zwei

Anrufe aus Japan. Eine Postkarte aus San Francisco: »Es ist so furchtbar, dieser Tragödie zuzuschauen, und ich kann nichts tun. Ich hoffe, es geht Dir gut. Ich habe versucht, Dich anzurufen, aber alle Leitungen sind besetzt.«

»Wir haben uns an der kleinen Freiheitsstatue versammelt«, sagte meine Freundin Lisa in Paris. »Wir haben eine Mahnwache gehalten.«

Meine Schwester in Simbabwe sagte, sie hätte in einer Zeitschrift Bilder von herabfallenden Körpern gesehen. In Mexiko hatten sie diese Bilder auch gesehen.

»Hier nicht«, sagte ich.

Wir hatten den Taliban im letzten Jahr für die Bekämpfung des Opiumhandels 43 Millionen Dollar Belohnung gegeben.

Waren die Taliban gewählt worden?

Nein. Sie hatten sich erhoben und den Staat übernommen.

(Apropos: War Hitler gewählt worden?

Nicht vom deutschen Volk. Er wurde von einem schwachen Reichspräsidenten zum Kanzler ernannt und brachte eine Anzahl von Reichstagsabgeordneten durch Terror dazu, ihn zum Diktator zu wählen.)

Ein Gerücht machte die Runde in der arabischen Welt: Israel hätte von den Anschlägen vorher gewusst – oder sie geplant – und hätte viertausend Juden mitgeteilt, sie sollten an dem Dienstag nicht zur Arbeit gehen.

»Die bedauern, dass sie nicht genug Juden brennen gesehen haben«, sagte Sharon.

Manche erklärten, die Aufnahmen palästinensischer Kinder, die nach den Anschlägen auf der Straße tanzen, wären eigentlich welche aus dem Golfkrieg. Andere behaupteten, sie wären tatsächlich vom Dienstag.

»Einer der Männer, die gegen die Entführer in dem Flugzeug gekämpft haben, das in Pennsylvania abgestürzt ist, war ein schwuler Rugbyspieler aus San Francisco«, sagte Sharon. »Hat mir Anita erzählt.«
»Wenn Homosexuelle was Gutes tun, kommt es auf keinen Fall in den Nachrichten«, meckerte ich.

Fernsehprediger Jerry Falwell, der behauptet hatte, die Terroranschläge wären Gottes Strafe für Amerika, weil es die Rechte von Homosexuellen und das Recht auf Abtreibung unterstützt hatte, entschuldigte sich heute.

Die ersten Aushänge, die nichts mit den Anschlägen zu tun hatten, tauchten auf:

Gitarrist und weitere gesucht

Nymphensittich entflogen:
Hört auf den Namen »Omar«

»Das war die die längste Woche meines Lebens«, schrieb ich, »und trotzdem habe ich nichts getan außer älter werden.«

Wie bringt man sechseinhalb Milliarden Menschen dazu, sich gegenseitig wertzuschätzen?

Die palästinensisch-amerikanische Lyrikerin Suheir Hammad diese Woche in einem Gedicht mit dem Titel *Erster Text seitdem*:

»Da drüben ist hier drüben.«

Die Traurigkeit hat uns anders bespannt, mit neuen Darmsaiten statt der alten aus Stahl.

Das Ausschlachten

Warum das alles aufschreiben?

(Beim Mittagessen am 12. September in Princeton sagte Sharons Kollegin: »Vielleicht kann ich da irgendwas draus machen.« Ein Monster. Ein Spiegelbild. Ich sah weg.)

Weil ich dabei war.

Exklusivinterviews

Ich ging an diesem Dienstag zum Union Square und brachte noch mehr von meinen grünen Postkarten mit Klebeband an. Hunderte Menschen reihten sich an den Fotografien, Kerzen, Blumen und Plakaten auf und gaben Selbstgeschriebenes dazu. Ich machte meine Arbeit langsam, manchmal musste ich mit den Tränen kämpfen, wenn ich die Aushänge las, die Menschen hinterlassen hatten.

Vermisst
Polizist der Hafenbehörde
UMOJA »DJANGO« RICHARDS
Dienstmarke #811
Wenn Sie ihn gesehen haben,
kontaktieren Sie bitte seine Frau Gwen

Suche nach meinem besten Freund
ABU HASSAN
eSpeed / Cantor Fitzgerald, 112. Etage
Kann sich bitte irgendjemand, der ihn kennt
oder irgendetwas über ihn weiß,
bei mir über irgendeine dieser Telefonnummern
oder per E-Mail melden
Als ich in N.Y. gelebt habe, ist er
der beste Freund gewesen, den ich jemals hatte,
mit einem Herzen aus Gold
Bitte helft mir, etwas rauszufinden!

Leute baten mich um Karten, um sie Freunden zu geben. Die Reporterin einer japanischen Tageszeitung fragte mich, wie viele Karten ich gemacht hatte. »Vierhundert gestern, achthundert heute.«

»Warum haben Sie sie gemacht?«

»Weil ich glaube, dass wir nur eine sehr kurze Zeitspanne zur Verfügung haben, um uns Gehör zu verschaffen, bevor unser Land damit anfängt, Afghanistan zu bombardieren und Zivilisten zu töten.«

»Wir müssen Bin Laden vor Gericht bringen«, sagte sie zustimmend.

Eine Journalismusstudentin von der New School befragte mich auch zu den Postkarten. »Von welcher Organisation sind Sie?«

»Ich habe das allein gemacht«, sagte ich. »Ich bin Amerikanerin; unter keinen Umständen vertraue ich Organisationen. Ich wollte den Menschen etwas an die Hand geben, was sie machen können, ohne zu einer Gruppe zu gehören.«

»Was glauben Sie, sollte getan werden?«

»Wenn ich die Verantwortung hätte? Ich denke, wir sollten unsere UNO-Beiträge zahlen, Bin Laden und seine wichtigsten Leute in Haft bringen und sie vor den Internationalen Strafgerichtshof stellen. Und ganz persönlich? Ich denke, man müsste sich in seine Terrororganisation einschleusen und jeden da drin mit irgendwelchen Machtbefugnissen ausschalten.«

»Unsere Mafia könnte das vielleicht machen«, sagte sie. »Oder die russische, oder kolumbianische Drogenkartelle.«

»Genau! Es handelt sich nämlich nicht um Krieg, sondern um organisiertes Verbrechen.«

»Klar, denn wenn es ein Krieg wäre, würde sich Bin Laden darüber Gedanken machen, ob unschuldige Menschen umkommen könnten. Aber es gibt durch die Anschläge fünfhundert vermisste Muslime. Er fühlt sich keiner Menschengruppe gegenüber verantwortlich, keinem Land gegenüber, noch nicht mal gegenüber einer Profitquelle. Auch nicht gegenüber seinen Anhängern, die bereit sind zu sterben.«

»Sharon, meine Partnerin, sagt, wir sollten ihn verklagen.«

»Oh, ja, super.«

»Stellen Sie sich vor, was passieren würde, wenn sich alle jagdbereiten Geschädigtenanwälte New Yorks zusammentäten.«

»Das ist genial.«

Während ich den Geruch von brennenden Kerzen und Gebäuden einatmete, klebte ich weiter Karten an und las weiter: Friseure schnitten Haare, um Geld für die Opfer zusammenzubekommen. Comedians luden zu Witzeabenden ein. Wir hatten uns nicht über Nacht in Ärztinnen, Ärzte und Feuerwehrleute verwandelt, so sehr wir es uns vielleicht gewünscht hätten. Wir waren schon wieder nur wir selbst, noch mehr als sonst.

Auf einem Zettel stand:

> Es gab acht Millionen Geschichten in
> der gnadenlosen Stadt[*]
> Jetzt gibt es nur eine

Ich sah einen CNN-Reporter und gab ihm eine Postkarte. »Danke«, sagte er abwesend. Er redete in die Kamera über Planungen für mögliche US-Luftangriffe und ergänzte, dass es neue Erkenntnisse gäbe, die darauf hindeuteten, dass Terroristen geplant hatten oder immer noch planten, einen weiteren irgendwie gearteten Anschlag am Samstag, den 22. September, zu verüben.

Ich stellte fest, dass die meisten meiner Karten vom Montag verschwunden waren, aber ein paar waren noch da. Jemand hatte sie beschmiert: »Blödmann.« »Unrealistisch.« »Ganz genau. Krieg für den Frieden.« Ich nahm sie entmutigt runter und ersetzte sie durch neue Karten. »Es ist nicht ganz umsonst«, dachte ich, als ich eine Frau anhalten und eine Karte nehmen sah. Dann ging ich nach Hause, an den Gesichtern von Beth, Abu, Django und Raj vorbei. Ich entdeckte eine immer noch in den Zaun geschlungene weiße Seidenkhata. Kurz war ich versucht, sie mitzunehmen, aber ich berührte sie stattdessen nur.

---

* Zitiert die legendären Schlussworte des New-York-Films *Stadt ohne Maske* (*The Naked City*, 1948) und jeder Folge der Fernsehserie *Gnadenlose Stadt* (*Naked City*, 1958–1963).

Ein bisschen Hintergrund

Sharon ist in diesem Jahr bei mir in New York, weil sie freigestellt ist: Normalerweise lehrt sie in der Bay Area. Sie hatte vorgehabt, ihre Wohnung in San Francisco über das Jahr zu behalten, weil sie billig und mietpreisgebunden war, aber als ihre Vermieter Anfang September anfingen, anzurufen und Ärger zu machen, entschied sie sich dafür, es sein zu lassen und zu kündigen. Sie musste bis Monatsende draußen sein.

Am Dienstagmorgen, eine Woche nach den Anschlägen, beschlossen wir, an unseren Plänen festzuhalten: Sie würde am Samstag nach San Francisco fliegen, um ihre Wohnung aufzulösen, und ich würde zu Hause bleiben und mich mit alten Bekannten treffen. Aber als ich ihr Dienstagabend davon erzählte, was der CNN-Reporter gesagt hatte – dass ein weiterer Anschlag für Samstag geplant sein sollte –, fing ihr kleiner Körper panisch zu rotieren an. Sie dachte laut darüber nach, was jetzt zu tun wäre, ihre Schuhe klickerten hin und her durch die Wohnung. »Ich werde einen Zug nehmen«, vermeldete sie.

»Ich komm mit dir mit.«

19. September

Pilgerschaft

Mein Freund Bremner kam Montagnacht mit dem Flugzeug aus Paris. Er hatte ein Konzert in New York zu geben, und vor allem wollte er die Stadt mit eigenen Augen sehen. Tagelang war mir der Rauch zu dicht gewesen, um näher ranzugehen, aber am Mittwochmorgen war er diese völlig verschwommene Schmiere am südlichen Horizont. Während ich den Rauch erblinzelte, rief Bremner aus seinem Hotel an. »Sie haben mich den ganzen Broadway runtergehen lassen«, sagte er. »Es war furchtbar, aber ich musste es tun.«

Ich nahm die U-Bahn zur Canal Street und ging zu einer Polizeiabsperrung in einer Seitenstraße. Sie fragten mich nach einem Ausweis, und ich zog mich schüchtern zurück. Auf dem Broadway versuchte ich es noch mal. »Warum sind Sie hierhergekommen?«, wurde ich gefragt, als ich meinen Führerschein vorzeigte.

»Weil ich sehen will, was passiert ist. Die Toten ehren.«

Ich war weiß, gut gekleidet, eine Frau. Er sagte: »Wenn irgendwer fragt, sagen Sie, Sie sind zum Einkaufen hier«, und winkte mich durch. Die leeren Straßen waren still – keine Autos, keine Leute –, aber ich konnte weiter entfernt eine Menschengruppe sehen. Ich fragte mich, wo ich behaupten sollte, einkaufen zu wollen, wenn sich jemand danach erkundigen würde. War das Century-21-Kaufhaus nicht weg?

Weil ich mal mit einer Frau zusammen war, die in Jersey City lebte, war ich sehr oft durch die U-Bahn-Station unter dem World Trade Center gekommen. Ich erinnerte mich an ein verblasstes Kachelmosaik aus blauen, grünen und braunen Plättchen. Und ich erinnerte mich an ein Dutzend Rolltreppen in einer Reihe. Ich hatte sie mal in einem ähnlichen Film wie *Koyaanisqatsi* gesehen: Im Zeitraffer ordnen sich Hunderte Menschen ins Auf und Ab der Rolltreppen ein, gegengeschnitten mit Hunderten Schlachthofhühnern auf Förderbändern im Zeitraffer. Stand das Mosaik unter Millionen Tonnen Geröll immer noch da? Waren auf diesen Rolltreppen Menschen gestorben?

Außer beim Pendeln und außer bei meiner ersten schwindelerregenden Auffahrt vor fünf Jahren war ich nur noch ein einziges anderes Mal zum World Trade Center gekommen: Nämlich um einen BH zu kaufen, der mir passt. Um sechsmal den gleichen BH von Victoria's Secret zu bekommen, war ich mit der U-Bahn zu neun ihrer Filialen durch ganz Manhattan gefahren. Einer von vielen ergebnislosen Versuchen war ihr Geschäft im Einkaufszentrum unter dem World Trade Center, das, wie ich schmerzlich erfahren musste, noch gar keine Eröffnung gehabt hatte. Ich erinnerte mich daran, wie ich an zugeseiften und überklebten Schaufenstern vorbeigetrottet war und den N/R-Zug nach Hause genommen hatte. Und dieser Laden, *genau dieser Laden*, hatte, wie ich las, seitdem Eröffnung gehabt und war nun als Hohlraum unter dem Geröll intakt geblieben. Niemand wurde dort gefunden: Die

Türme brachen vor der Öffnungszeit zusammen. Weil ich wusste, dass in der Nähe Plünderer den Tourneau-Uhrenladen ausgeräumt hatten, stellte ich mir in meiner Fantasie einen Feuerwehrmann vor, der mit hell leuchtender Stirnlampe hauchzarte Unterhöschen in seinen ascheweißen Überwurf stopft, und musste lachen. Während ich auf dem Broadway weiter Richtung Unglücksort ging, schüttelte ich ungläubig den Kopf: Vielleicht war mein BH irgendwo da unten.

Als ich das World Trade Center noch aus meinem Fenster sehen konnte, hatte ich es für arrogant, hässlich und langweilig gehalten. Gleichzeitig fand ich es aber, obwohl ich lieber jeden Tag die Thaitänzerinnenkrone des Chrysler Building gesehen hätte, heimlich ganz gut, so zuverlässig ein deutlich erkennbares Stück der New Yorker Skyline vor mir zu haben. Wenn ich ans World Trade Center dachte, war es in meinem Kopf verbunden mit der WTO: monolithisch, repressiv, falsch. Es war Teil einer globalen Maschinerie, die dazu konzipiert war, die meisten Leute bitterarm und ein paar Leute unanständig reich zu machen. Es hatte einen Grund, warum ich für sechs BHs mehr ausgab, als die Frau, die sie genäht hatte, wahrscheinlich in einem Jahr verdiente, und das World Trade Center war ein Teil davon.

Da sie jetzt so sichtlich verwundbar gewesen waren, liebte ich die zwei Gebäude. Ich wollte unbedingt das hässliche Mosaik, die entseelenden Rolltreppen und diesen Tempel der verkehrten Entscheidungen, das Einkaufszentrum, besuchen. »Es hat aber einen

Grund, warum sie sich diesen Ort ausgesucht haben, warum sie sich auch das Pentagon ausgesucht haben. Verwundbarkeit kann eine Sache liebenswerter machen, aber nicht weniger verdorben«, dachte ich. Und dann lächelten mir die Gesichter der Toten zu – sie waren keine Welteroberungsmaschinen, sie waren Tausende einzigartige und wertvolle Niemande –, und ich konnte nicht weiterdenken.

Ich ging an der City Hall vorbei und sah nach Westen auf das, was übriggeblieben war.

Was ich downtown sah

Es war das Skelett eines alten Handelsschiffes. Es war ein Vulkankrater. Es war der Höllenschlund.

Es ergriff mein Herz. Nahm mich mit.

Es war wie auf den ganzen Fotos, aber krasser, weil es real war: ein Abgrund aus Beton und Stahl, der schwarzen Rauch ausstieß. Hier und da stand viele Stockwerke hohes Gitterwerk der Fassadenverkleidung aufrecht im Trümmerberg.

»Der Grund, warum diese Türme so eine Höhe erreichen konnten«, hatte Bremner mir erklärt, »waren die äußeren Stahlpfeiler, die ihre Stütze gebildet hatten. Stell es dir wie ein äußeres Skelett vor. An dem hat es gelegen, dass die Etagenschichten flach zusammengefallen sind und die Türme nicht gekippt, sondern gerade nach unten gestürzt sind.«

Um die Bereiche mit dem zerklüfteten Schutt herum erhoben sich Gebäude mit herausgedrückten Fensterscheiben, Gebäude eingehüllt in Asche. In Höhe von zwanzig Stockwerken sah ich ein herabgefallenes Stück Fassadengitter einem Gebäude in der Flanke stecken wie ein Pfeil in der Dartscheibe.

»Nicht stehen bleiben«, sagte uns die Polizei, als wir hintereinander an den Überresten vorbeigingen. »Machen Sie ein Foto und gehen Sie weiter.«

Ruhet in Frieden

Die weiche Asche, wie Schnee unter den Füßen. Asche auf jedem Blatt an allen Bäumen in den Pflanzkübeln. Asche, die den Godiva-Pralinenladen einhüllt. Eine von Asche überquellende Tasse auf einer aschebedeckten Theke. Asche auf Fenstern mit Inschriften von Passanten.

Tod für Bin Laden

Dem Hass mit Liebe begegnen

Polizeirevier 76 war hier

Asche auf Markisen. Die Asche, die die Frauen mit dem Wasserschlauch nicht erreichen konnten. Triefend von Asche die Pullover im Angebot. Die neuen Stiefel mit den eingeaschten Fußspitzen.

Meine Sehnsucht war grün: grüner Tee, meine grünen Postkarten, grüne Blätter im Central Park, die grünen Lungen der Stadt.

Die menschliche Lunge hat, wenn sie auseinandergefaltet wird, eine Länge von neun Metern.

Ich sah in der Asche ganz feine Fädchen beigemischt: vielleicht Asbest? Ich berührte sie nur geradeso mit der Spitze meines Fingers. Ich führte den Finger zögerlich an meine Zunge.

Die Asche war zusammengesetzt aus Stahl und Beton, ja, und aus zweihundertzwanzig Etagen Asbest-isolierung. Aus Glas, aus Teppichen, aus Großraum-bürostellwänden. Aus Computern, aus Kopierern, aus Fernsehgeräten, Telefonen. Aus Fahrstühlen. Aus Empfangsschaltern und Sesseln und Konferenzti-schen. Aus Restaurantbacköfen, aus strahlenden Fla-schen mit Hochprozentigem. Und aus den Toten. Ich schwöre, ich habe Salz geschmeckt.

Die Toten waren unter uns, bedeckten die Pullo-ver und die Markisen und bedeckten die neun Meter jeder Lunge.

Ein paar Worte zum üblen Geruch

In ihrem Buch *Die schöne Welt der Sinne* bespricht Diane Ackerman den zarten, aber reichhaltigen Duft des Veilchens, seine ungewöhnliche Gabe, die Nase anzuregen, dann die eigene Wirkung zu blockieren und dann die Nase wieder anzuregen. Was bedeutet, dass wir uns an Veilchen niemals gewöhnen: In Wellen entsteht ihr Duft für uns wieder und wieder, als wäre es immer das erste Mal.

»**Beißend:** herb stechend wirkend auf die Geruchs- oder Geschmacksorgane oder die Haut usw.; reizend; ätzend.«

Er tauchte völlig willkürlich auf, aber zuerst am häufigsten nach Einbruch der Dunkelheit.

»Nachts ist die Luft kühler und schwerer, und Wasserdampf kondensiert um den Feinstaub«, erzählte mir meine Wissenschaftlerin-Freundin Katy.

Später, als wir ihn tagsüber rochen, erläuterte sie, wie sich Land schneller erwärmt als Wasser, und beschrieb warme Luft, die von der Insel aufsteigt, und kühle Luft, die hereinströmt, um ihren Platz einzunehmen, und von diesem Wind wurde der Tod hereingetragen.

Er blieb hartnäckig da, Woche für Woche, der Tod wurmte sich in aller Stille in unsere Tage hinein, in den Oktober, in den November, während der Schutt brannte und brannte. Ich weiß nicht, wann das enden wird.

Verfall

Ich ging wieder zum Union Square, um Postkarten anzukleben. Am Dienstag war ich um 5 da, als gerade alles aus der Arbeit strömte, und am Mittwoch ging ich schon um 4, also ist es vielleicht darauf zurückzuführen, aber auf jeden Fall fühlte es sich anders an.

Ich startete am Rand mit der Arbeit, wie ich es immer gemacht hatte, und sah, dass der gleiche Schwachkopf, der meine Karten am Montag verunstaltet hatte, zurückgekommen war. Meine eigenen Karten vom Dienstag waren weg, aber viele der anderen Frieden einfordernden Botschaften waren beschmiert worden.

Krieg für den Frieden

Eine Frau mit wirren, ungekämmten Haaren und einem gerissenen Sandalenriemen bat sehr hastig sprechend um mehr Karten. Ihre Bewegungen waren gepresst und abgehackt. Wodurch? Politischer Eifer? Wie viele Postkartenbriefmarken müsste man weiterverkaufen, um high werden zu können?

Ich sah eingestreut zwischen den Blumen, Kerzen, Fotos und Botschaften mehr religiöse Werbezettel als am Tag vorher. Ein Mann befragte mich zu meinen Karten und lud mich ein, seiner Kirche beizutreten.

Ein anderer Mann schritt auf und ab und verkaufte Emaille-Flaggenanstecker. »Zwei Dollar. Nur zwei Dollar. Dieses Banner hat keine Angst, und wer dieses

Banner trägt, hat keine Angst. Ein Geschenk für die Familie oder die Liebsten.«

Ich bewegte mich vom Rand weg zum vollen Vorplatz des Parks, wo sich das Kerzen- und Blumenmeer großflächig ausbreitete und das Denkmal von George Washington auf seinem Schlachtross mit Peace-Zeichen aus Kreide übersät worden war.

Kein Krieg! Nicht in unserem Namen

Ich brachte meine Karten an, bis alle weg waren. Eine Familie von wunderschönen dunkelhaarigen Frauen und Mädchen nahm die letzten. Im Weggehen sah ich, dass sie alle das gleiche T-Shirt anhatten: »Freiwillige Seelsorgerin«.

Aus einer Gruppe weißer Teenager mit Dreadlocks heraus, die sich mit ihren Hunden und Schlafsäcken im Gras niedergelassen hatte, war als einzige Musik im Park alle vier oder fünf Sekunden der Schlag auf eine Trommel zu hören.

Über den verwelkten Blütenblättern und dem geschmolzenen Wachs behielten nur die Gesichter der Toten ihre Kraft.

MANUEL CERVANTES
Empire Blue Cross and Blue Shield
26. Etage, World Trade Center 1
Philippiner (Asiate)
58 Jahre alt
1,25 m, 60 Kilogramm

Graumelierte, lockige Haare
Sehr markante dicke braune Fußnägel

Ich kehrte um Richtung Heimweg. Die Khata war nicht mehr da.

20. September

Lass die linke Hand nicht wissen

Um ein Flugzeug nehmen zu können, mussten wir uns selbst hintergehen.

Am Mittwochabend kamen sieben Freundinnen und Freunde zum Abendessen vorbei. Einfach nur ihre Gesichter zu sehen war ein Segen. Sharon ging noch schnell zur Apotheke, um Schlaftabletten für unsere Zugfahrt zu bekommen. »Nehmt ihr beiden einen Schlafwagen?«

»Nur Sitzplätze, deshalb brauchen wir ja die Tabletten. Es geht um drei Nächte und vier Tage.«

»Warum denn nur Sitzplätze?«

»Sharon hatte irgendwas an Schlafwagen auszusetzen, ich weiß es nicht mehr.«

»Ihr könnt doch nicht drei Nächte im Sitzen schlafen! Nehmt euch einen Schlafwagen!«

Später fragte ich Sharon: »Was war noch mal falsch dran, ein Schlafwagenabteil zu nehmen? Waren die so superteuer?«

»Nein, die waren ausgebucht für die nächsten zwei Wochen.«

»Oh.«

»Wir könnten auch noch einen Flug mit den Bonusmeilen buchen und uns erst in letzter Minute entscheiden.«

»Lass uns das tun«, sagte ich.

Bevor Sharon am Donnerstagmorgen zu einem Spaziergang rausging, sagte sie: »Ob wir jetzt das Flugzeug nehmen oder den Zug, wir müssen auf jeden Fall gegen Mittag los, also lass uns beide heute Morgen drüber nachdenken.«

Um 11 kam sie nach Hause. »Was nehmen wir?«

Ich konnte ihr nicht in die Augen sehen. »Lass uns in ein Flugzeug steigen«, sagte ich achselzuckend und fummelte an einer Tasche rum.

»Okay.«

Der Wutaltar

Bevor Sharon am Donnerstagmorgen nach Hause kam, hatte ich meine Taschen gepackt und am Fenster gestanden. Der weiße Schmierfilm, der von der Rauchsäule übriggeblieben war, war am bedeckten Himmel nicht mehr erkennbar.

Ich ging nach draußen. Ich hatte die Hoffnung, einer der vielen Tibetläden in der Nachbarschaft würde eine Khata haben, die ich in San Francisco zurücklassen könnte, aber ich hatte kein Glück. Es gab eine Khata an einer Bhuddafigur, eine Khata an einem Feuerlöscher, aber keine zu kaufen.

Ein sanfter Regen wehte herab, und ich sah mich genau um. »Woran würde ich denken wollen, wenn ich sterben müsste?« Die Ecke St. Mark's Place / Second Avenue kam mir dafür schon kostbar genug vor: roter Backstein und Platanen, Häuser, die IDA und FLORENCE heißen, der Gem-Spa-Kiosk, das Café Veselka, die Ottendorfer-Bibliothek. Der Fettgeruch beim Dallas BBQ, der Kaffeegeruch beim Porto-Rico-Laden, die Eisengeländer, die Gingkoblätter, die grünen Clematisranken, die an meinem Haus hochklettern. Ganz zu schweigen von den sich aufwärtsschlängelnden blauen Prunkwinden mit ihren feuchten grünen Blättern in Herzform.

Ich hielt an, um die Prunkwinden anzuschauen: blaue Trompeten, blaue Gesichter, jede blaue Eruption ein Trichterwirbel für sich. Die kühlen, feuchten

Blütenblätter fühlten sich zart und straff an wie dünne Haut. Wie konnte ein einzelnes Etwas gleichzeitig an ein Schmuckstück, ein Ohr, eine Uhr, eine Glocke, ein Gesicht, an farbiges Glas denken lassen? Wie konnte irgendetwas so schön sein?

Wie könnte man etwas so Schönes sehen und sterben wollen? Wie kann man so etwas sehen und töten wollen?

Ihr scheiß Arschlöcher, wie konntet ihr eure Herzen der Schönheit verschließen?

Regnerisches Neujahr

Als wir dann im Taxi waren, holte ich ein paar Apfelviertel und einen Plastikhonigbär hervor. »Frohes Rosch ha-Schana«, wünschte ich Sharon und fütterte sie.

»L'schana tova«, sagte sie und gab mir einen Kuss.

Wir fuhren langsam am Union Square vorbei und sahen, wie der Regen die Gesichter der Toten zu Fetzen schmolz. Manuel, Manuels Fußnägel und all das. Sharon kamen die Tränen, und sie nahm meine Hand.

»Das ist, als ob sie gerade noch mal sterben.«

Reicht es nicht aus, getötet und eingeäschert und verstreut zu werden?

Müssen wir auch noch ihre Bilder einatmen und trinken?

»Ich kann die gnadenlose Wirtschaftlichkeit des Lebens heute nicht ertragen, diese widerliche Alchemie aus Fäulnis und Keimen. Selbst Trauer wird zu Dünger.«

Friendly Skies

Unser Taxifahrer verpasste die Flughafenausfahrt und setzte, ohne seine Warnblinker anzuschalten, dreißig Meter auf dem Highway rückwärts. Im Flughafen ließen die Leute ihr Gepäck wie immer maschinell durchsuchen und warfen Antworten auf Sicherheitsfragen zurück: »War Ihr Gepäck zu jeder Zeit unter Ihrer Aufsicht? – Haben irgendwelche Unbekannten Sie gebeten, etwas mit an Bord zu nehmen?« Ping. Ping. Als wir durch den Metalldetektor gingen, dachte ich an all die harmlosen Dinge, die in den richtigen Händen erstechen, blindmachen oder erwürgen könnten: ein Bleistift, ein Fingernagel, ein Schnürsenkel.

Im Sitz angeschnallt und auf den Start des Flugzeugs wartend, dachte ich: »Wie lobe ich mir den festen grünen Schoß der Erde.« Und gleichzeitig: »Na los jetzt! Lasst uns mal endlich abheben!«

Wir versuchten, Zeitung zu lesen. Der in Tribeca lebende Bildhauer Richard Serra hatte es aus seinem Fenster gesehen, hatte gesehen, wie Leute »wie Federn von diesen Gebäuden herunterfielen«.

»Sie fielen gar nicht wie Federn runter«, dachte ich und schaute auf den ans Fenster klatschenden Regen.

So stellte ich mir das Denkmal vor, etwas, das Regen nicht beeinflussen kann: hoch in den Himmel ragend zwei von den gespenstischen Bruchstücken der Gitterfassade und unter ihnen eine Pflasterung aus schwarzem Marmor mit den eingravierten Namen der

Toten wie bei der Vietnamwand. Über die Namen bewegt sich eine dünne Schicht schimmerndes Wasser, das sie ununterbrochen sauberwäscht.

Wir hielten bis Pittsburgh den Atem an.

War das Undercover Security? Zwei unserer Flugbegleiter waren die größten, stämmigsten und extrem hetero aussehendsten Männer, die ich jemals »Kaffee oder Tee? Milch?« fragen gesehen hatte. Und sie waren bei weitem netter als normale Flugbegleiter.

So viele Sätze hatten seit dem 11. September das gleiche Ende gehabt, ausgesprochen oder unausgesprochen, sinnig oder nicht: »... wegen der Anschläge.«

Wie zum Beispiel: »Ganz schlagartig hatte ich Mitleid mit der Person, die vor mir mit Durchfall auf der Flugzeugtoilette gewesen war.«

Terrorismus

Bevor wir uns nach San Francisco aufgemacht hatten, hatte ich von meiner Freundin Melissa eine E-Mail bekommen:

»Ich werde das Gefühl nicht los, dass mir dieses Wesen überallhin folgt, geduldig jeden Morgen auf mich wartet, bis ich aufwache, und den ganzen Tag leise meine Aufmerksamkeit einfordert. Dieses Wesen ist das Wissen, dass sich alles in der Welt geändert hat. Dieses Wesen ist Angst. Sie ist eine miese Mitbewohnerin.«

Wir lasen uns durch die Zeitung und versuchten ruhig zu atmen. Sharon hatte etwas zur Ablenkung mitgebracht: das Buch mit Gesprächen Haruki Murakamis mit Opfern des Giftgasanschlags in der U-Bahn von Tokio. »Das hilft gerade gar nicht«, sagte ich.

Ich versuchte, einen Fragebogen auszufüllen, den mir ein Psychologiestudent auf dem Union Square mitgegeben hatte. »Erleben Sie zurzeit Angst? Wovor fürchten Sie sich?«

Ich fürchte, mein Land wird Tausende und Abertausende unschuldige Leute umbringen. Auch alle diese Toten werden Namen und Gesichter haben.

> Leberfleck auf dem Kieferknochen
> nahe dem rechten Ohr

> Dicke braune Fußnägel

Und ich fürchte mich vor Giftgas, Anthrax, Pockenviren im Trinkwasser. Massenhysterie. Internierungslagern für muslimische Amerikaner. Krieg. Wir gewinnen durch den Abwurf der Atombombe, und der radioaktive Niederschlag weht zurück zu uns, und wir sterben unter Schmerzen. Oder sie gewinnen, bringen die Homosexuellen um, steinigen unverheiratete Frauen, die Sex haben, alle Frauen, die Jobs haben, alle Männer, die sich rasieren. Ich fürchte mich davor, dass ich nächstes Jahr zurückblicken werde und das hier werden die guten Tage gewesen sein, als nur das World Trade Center unsere Sorge war. Ich hoffe, lange genug zu leben, um noch Krebs von dem Asbest zu bekommen.

»Ach, was ich vergessen hab, dir zu erzählen«, sagte Sharon. »Auf dem Weg von der Uni hab ich ein Kind gesehen, das vorher offenbar noch nie mit der U-Bahn gefahren war, und ich hab gehört, wie es den Eltern erzählt hat: ›Ich will für immer und ewig mit der U-Bahn fahren! So lange, bis sie zerstört wird!‹«

»Echt? Und ich hab neulich eine Frau sagen hören: ›Meine Anthrax-Ausrüstung? Eine Wanne voll Gelato und ein Revolver.‹«

Kognitive Dissonanz

Der Flughafen von San Francisco war völlig verlassen. Eine Kolonne Taxis stand müßig herum. Wir rasten nordwärts und wurden dann durch dichten Verkehr ausgebremst. »Was ist denn hier los?«, fragte Sharon und griff nach meiner Hand. Vor unserem inneren Auge sahen wir die Transamerica Pyramid in Flammen, die Bay Bridge als zerrissene Halskette. Unsere Hirne drehten kleine Schleifen, und die endeten mit »wegen der Anschläge, wegen der Anschläge«.

»Baseballspiel«, sagte der Fahrer. Wir lächelten uns schwach an.

In der Mission Dolores hörten wir im Vorbeifahren einen Sprechchor von Jugendlichen: »Scheiß auf den Krieg! Scheiß, scheiß, scheiß auf den Krieg!«

Wir sahen ein, zwei amerikanische Flaggen in Fenstern und woanders ein Schild, auf dem stand:

Vereinigte Staaten raus aus Nahost

Wir schauten uns unschlüssig an. Ich nickte langsam und die Achseln zuckend. »Ich schätze, die haben nicht ganz unrecht«, tastete ich mich vor. »Wenn wir nur nicht gerade Autos gebaut hätten, die mit Benzin angetrieben werden, oder wenn wir nicht mit Israel verbündet wären ...«

»Ich nehme an, die waren nur zu faul, ein neues Schild zu machen«, giftete Sharon.

Wir stellten unsere Sachen in Sharons Wohnung ab und gingen wieder los, um in ein Restaurant zu gehen. Wir machten einen Halt, um die neue CD von Tori Amos zu kaufen, und hörten dabei die Angestellten vom Plattenladen miteinander quatschen. »Ich hab ja nie an die gedacht. Wieso soll ich die dann jetzt vermissen?«

Ein Zettel an der Ecke fiel uns auf:

> Am Tag, wenn die Bombenangriffe starten,
> kommt zum Protest um 17 Uhr
> an der Powell-and-Market-Drehscheibe!

»Was macht die so sicher, dass Powell and Market in dem Fall noch da sein wird? Kannst du dich noch an Giulianis Kommandozentrale im World Trade Center erinnern?«

»Nein, nein, es geht um unsere Bomben auf Afghanistan.«

»Ach so, ja, richtig.«

Ristorante Delfina

Ein feiner Salat aus Radieschen und Gurken mit salzigen Einsprengseln silbriger Anchovis, zartem frischen Mozzarella, süßen Heirloomtomaten und Basilikumöl.

Buttermilchpannacotta. Brombeeren.

Samtiger Rotwein.

Kerzen, Leinentischdecken, Spiegel. Die Menschen unterhielten sich lauter, als wir es die ganze Woche über gehört hatten. So viele Sätze machten für uns gar keinen richtigen Sinn. »Mein Training lief gut heute. – Glaubst du, er mag mich wirklich, oder sagt er das nur so? – Ich hab Sanders quasi weggefegt; ich hab ihn einfach vernichtet. – Ich sammle Erstausgaben.«

»Sie sprechen über sich selbst. Deshalb«, sagte Sharon.

»Ah ja, das ist es.«

Zusammen mit meinen Tränen kam alles wieder zurück: die brennenden Türme, die schwarzen Rauchsäulen, die weiße, von den Pullovern triefende Asche, die in den Trümmern stehenden Fassadengitter, die drei seilspringenden Mädchen mit ihren medizinischen Masken, die Stadt aus Kerzen und die Tausenden Toten; Mychal, Vasantha, Sally, Manuel.

»Das war zu viel, was wir gesehn haben«, schluchzte ich. »Das war zu viel.«

21. September

Wo sie auf's Neue aufgeht

In dieser Nacht lag ich schlafend neben Sharon in unserem Bett in San Francisco. Weil mein träumender Körper wusste, dass ich nach dem Wachwerden keine Asche mehr einatmen würde, hörte er damit auf, Kätzchen und Landschaftsszenen zu produzieren.

Ich stand auf der Promenade von Brooklyn Heights und hatte einen klaren Panoramablick auf Manhattan.

Jedes Gebäude von größerer Bedeutung brannte. Das Empire State, das Chrysler, das Woolworth Building, die Vereinten Nationen, alle standen in sich aufwärts windenden schwarzen Rauchtrichtern. Ich konnte die Menschen an den Fenstern sehen und die Menschen, die sprangen, jeder Mund ein kleines verzweifeltes »o«.

»Ist ja gut, ist ja gut«, sagte Sharon, als ich wach wurde.

»Ich hab Angst zu sterben. Ich hab Angst, dass wir jetzt so vielen Menschen den Tod bringen.«

Wir hielten uns in den Armen.

»Gestern Abend«, sagte Sharon, »als wir im Anflug waren, hast du da den Nebel gesehen?« Das hatte ich. Er war so wunderschön, hatte das Tal wie Milch gefüllt und sich durch eine Spalte zwischen den Hügeln wie Milch aus einer Kanne in es hinein ergossen. Ich nickte. »Es hat sich so gut angefühlt, so etwas wie Rauch zu sehen und keine Angst zu haben«, sagte sie. »Und dieser Nebel ist auf die gleiche Weise schon seit Tausenden von Jahren jeden Abend so erschienen.«

»Genau«, sagte ich dankbar.

»Schatz, lass uns Dim Sum essen gehen«, sagte sie.

»Und dann lass uns zurückkommen und Liebe machen.«

Ellis Avery, ca. 2001

Nachbemerkung
von Sharon Marcus

2001 arbeitete Ellis Avery in ihrer New Yorker Wohnung mit Blick auf das World Trade Center an einem Coming-of Age-Roman. Einige Jahre vorher hatte sie mit der lebenslang beibehaltenen Praxis begonnen, täglich ein Haiku zu verfassen, das die Essenz eines jeden Tages in einem einzelnen Bild oder Augenblick einfangen sollte. Und auch Ellis' Reaktion auf die Zerstörung der Twin Towers war die einer Autorin: alles mit Worten festhalten, was sie sah, hörte, dachte und fühlte. Ein paar Monate später schuf sie aus diesen Beobachtungen, die unmittelbar aus dem Moment heraus entstanden waren, die bündigen Prosagedichte, die dann zu *Die Tage des Rauchs* (im Original: *The Smoke Week*) wurden. Sie wollte mit ihnen ihre Erfahrungen so direkt wie möglich widerspiegeln und ein Bild davon vermitteln, wie die Menschen in Manhattan auf die Angriffe reagiert hatten, ein genaueres, als es die hurrapatriotischen und kriegslüsternen Nachrichtenportale zeigten. Aus Gründen des Persönlichkeitsschutzes hatte sie lediglich die Namen der vermissten Personen geändert, für die nach dem 11. September überall Suchanzeigen auftauchten.

Das Manuskript der *Tage des Rauchs* schickte Ellis an mehrere Literaturagenturen und erreichte die Vertretung durch Jean Naggar (ihre Agentur bis heute). Dutzende Verlage lehnten den Text ab, wobei viele bemängelten, dass es im Buch eher um eine Liebesgeschichte zwischen zwei Frauen als um die Anschläge auf die Twin Towers gehen würde. Der Verlagsbetrieb war und ist auch weiterhin immer noch heteronormativ und überwiegend weiß. Lektorinnen und Lektoren, die es nicht gewohnt waren, etwas über Lesben zu lesen (noch nicht mal über solche aus der weißen Mittelschicht), griffen einen Nebenaspekt des Buches heraus, machten ihn zum Schwerpunkt und lehnten das Buch ab, weil es für sie nicht vorstellbar war, dass Lesben, also eine Randgruppe, die Erfahrungen von New Yorkern rund um die Anschläge repräsentieren könnten.

Schließlich fand das Buch 2003 seine Heimat bei Gival Press, einem kleinen unabhängigen Verlag, auf dessen Veröffentlichungsliste nicht zufällig viele Bücher von LGBT-Autorinnen und -Autoren zu finden sind. Und es bekam den Walter Rumsey Marvin Award der Ohioana Library. Der Juror Robert Canzoneri schrieb: »Ellis Avery verfügt, verbunden mit der Präzision einer Dichterin, über das scharfe Auge und das selektive Gespür einer bildenden Künstlerin. Ihr Bericht ist intimer und lebensnaher als alle anderen, die mir begegnet sind.«

Ellis wurde 1972 in New Rochelle, einer Vorstadt von New York, geboren und wuchs in Columbus (Ohio) und Princeton (New Jersey) auf. Als Leserin galt ihre erste Liebe der Phantastik Tolkiens und Ursula K. Le Guins. In ihrer Teenagerzeit entdeckte sie dann Autorinnen wie Annie Dillard und Virginia Woolf, deren üppige

Präzision sie dazu anregte, auch selbst einen realistischeren und selbstreflexiven Stil anzunehmen.

Aus Interesse für den Zusammenhang von Theater, Anthropologie und Religion studierte sie das interdisziplinäre Hauptfach Performance Studies am traditionsreichen Frauencollege in Bryn Mawr bei Philadelphia, wo auch viele lebenslange Freundschaften entstanden. Nach ihrem Abschluss 1993 zog sie nach San Francisco, widmete sich mehrere Jahre der Arbeit für queere Jugendorganisationen und erwarb im Teilfernstudium am Goddard College ihren Master in Kreativem Schreiben. Aber weil es sie wieder zum Wetter und zur Architektur der Ostküste zurückzog, ließ sie sich 1996 in New York nieder. Ich lernte Ellis 1999 kennen, als ich selbst noch an der Westküste in der Bay Area wohnte. 2001 zog ich nach New York, um mit Ellis in ihrer Wohnung im East Village zu leben. 2004, als gleichgeschlechtliche Ehen in den USA noch nicht erlaubt waren, führten wir eine Freie Trauung durch, 2012 wurden wir gesetzlich getraut. Wir blieben zusammen, bis Ellis 2019 mit nur 46 Jahren viel zu früh starb.

1999 hatte Ellis damit begonnen, die japanische Teezeremonie zu studieren und Japanisch zu lernen, worauf vier Jahre später ein siebenmonatiger Aufenthalt in Kyoto folgte, um dort für ihre erste Romanveröffentlichung zu recherchieren: *The Teahouse Fire*. Aus der Sicht eines amerikanischen Waisenmädchens, das zu Beginn der Meiji-Ära im 19. Jahrhundert in Kyoto strandet und in einer Familie altehrwürdiger Teemeister Aufnahme findet, wird darin geschildert, wie die Teezeremonie von einem hauptsächlich durch männliche Krieger ausgeführten zu einem vornehmlich von Frauen der Oberklasse kultivierten Ritual wurde. Der 2006 bei Riverhead Press erschienene Roman wurde ein großer Erfolg, vielfach ausgezeichnet und in sechs Sprachen übersetzt, darunter 2008 auch ins Deutsche unter dem Titel *Die Teemeisterin* im Blessing Verlag. *Publishers Weekly* urteilte beispielsweise: »Ellis Avery hat mit ihrem Debüt einen großen Roman vorgelegt, der zu gleichen Teilen wundervolle Liebesgeschichte, lebendige Geschichtsdarstellung und tiefgründiger Bildungsroman ist.«

Ellis' nächster Roman, *The Last Nude*, 2012 ebenfalls bei Riverhead Press erschienen, wurde durch die Werke und das Leben der Art-déco-Malerin Tamara de Lempicka angeregt. Er spielt in Paris zum Ende der 1920er Jahre und zeichnet die Liebesgeschichte zwischen de Lempicka und dem Modell nach, das sie zu ihrem bekanntesten Bild inspirierte: *La Belle Rafaela*. Die Geschichte lebt auch von den starken Nebenfiguren, die oft an lesbische Frauen angelehnt sind, die tatsächlich zwischen den beiden Weltkriegen in Paris gelebt haben, darunter regelmäßige Besucherinnen von Sylvia Beachs berühmter Buchhandlung Shakespeare and Company, in die sich Ellis schon zu Jugendzeiten bei ihrer ersten Reise nach Paris verliebt hatte. Im *Boston Globe* stand: »Dieses Buch zu schreiben war eine mutige Tat und zeugt von einem außergewöhnlichen Talent«, während der *San Francisco Chronicle* feststellte, es »erschließt wichtiges Neuland für die Literatur und tut dies mit Kunstfertigkeit, Eleganz und Schwung.« Wie schon *The Teahouse Fire* erhielt auch *The Last Nude* den angesehenen Stonewall Fiction Award der American Library Association, dessen Jury ebenfalls bemerkte, dass der Roman »wichtiges Neuland« erschließen würde, indem er sein Augenmerk auf die lesbische Liebe lenkt, »was auf dem Gebiet des Historischen Romans nach wie vor die Ausnahme ist«.

Neben ihrer schriftstellerischen Arbeit unterrichtete Ellis Kreatives Schreiben an der University of California in Berkeley und an der Columbia University in New York, und sie verfasste weiterhin ihre täglichen Haikus, die sie in verschiedener Form auch veröffentlichte: in Kleinstauflagen, in dem Künstlerbuch *Broken Rooms* (2014) und ab 2017 als Jahreskalender. Michael Stipe lobte ihre Poesie mit den Worten: »Das Wesen eines Haikus: Ellis Avery hat es erfasst.«

2006 war das Jahr, in dem bei Ellis die Reaktive Arthritis diagnostiziert wurde, durch die sie für den Großteil ihres restlichen Lebens so schwere Schmerzen hatte, dass sie häufig nicht gehfähig war. 2012 kam eine sehr seltene Tumorerkrankung (das Leiomyosarkom, eine bösartige Gebärmuttergeschwulst) dazu. Ellis dokumentierte ihre Erfahrungen mit dem Behindertsein, dem Krebs und auch mit der Trauer über den Tod ihrer Mutter in einer Reihe von Essays, die sie 2015 unter dem Titel *The Family Tooth* zusammenfasste und publizierte. Susan Jane Gilman beschrieb es so: »*The Family Tooth* ist ein großartiges Buch. Poetisch, fundiert und scharfsinnig nutzt sie ihre verheerenden Krankheiten, um Licht in ihr turbulentes Verhältnis zu einer sehr schwierigen Mutter zu bringen. Es ist ehrlich, genau, einnehmend und sehr persönlich, ohne selbstverliebt oder selbstmitleidig zu sein.« Und Alison Bechdel, die später Ellis' posthum erschienenen Roman *Tree of Cats* (2020) illustrierte, schrieb zu diesem Memoir in Essays: »Aus den Tiefen des Verlusts und der Angst heraus schreibt Ellis Avery mit ergreifender Präzision und aufwühlender Sinnlichkeit. Aber vor allem ist es ihre Fähigkeit, eine würdevolle und sanftmütige Sichtweise auf all das zu erreichen, die diese Essays auf ihr hohes Niveau bringt.«

Zu dem roten Faden, der sich durch ihr ganzes bemerkenswert verschiedenartiges Schreiben zieht, äußerte sich Ellis einmal so:

»In allen meinen Arbeiten ging es um die Transformationskraft der Zugewandtheit. Zugewandtheit ist der Ziegelofen, in dem der grobe Lehm aus Recherchen und Tagträumen zu Geschichten gebrannt wird. Die meditative Zugewandtheit eines Teemeisters macht aus Essen und Trinken einen rituellen Vorgang; die sexuelle Zugewandtheit einer Malerin macht ein Modell zur Liebhaberin. Und die Zugewandtheit, die es braucht, um über fünfzehn Jahre hinweg jeden Tag ein Haiku zu schreiben, macht das Leben zu einer Schatzsuche.«

Zugewandtheit bildet auch die Grundlage der *Tage des Rauchs* und erzeugt eine ungewöhnlich intensive, anschauliche und markante Schilderung des 11. Septembers. Wie ein Haiku von Ellis sind die einzelnen Kapitel des Buches knapp, gezielt und sehr persönlich gehalten und bieten einen konzentrierten und wahrheitsgetreuen Blick darauf, wie sich viele Menschen, die in der Nähe der Twin Towers lebten, während einer traumatischen und umwälzenden Zeit gefühlt haben. Als wichtiges und aussagekräftiges Kunstwerk stellt *Die Tage des Rauchs* sicher, dass Ellis Avery und die New Yorker, deren Erfahrungen sie dokumentiert hat, niemals vergessen werden.

Sharon Marcus lehrt an der Columbia University Anglistik und Vergleichende Literaturwissenschaft. Sie ist Spezialistin für die englische und französische Literatur des 19. Jahrhunderts. Insbesondere ihre Studie *Between Women. Friendship, Desire, and Marriage in Victorian England* (2007) wurde vielfach ausgezeichnet, u. a. mit dem Lambda Literary Award. 2019 erschien *The Drama of Celebrity*, ihre sozialgeschichtliche Studie über Starkult, Fankultur und Massenmedien.

© für die deutsche Ausgabe:
Lilienfeld Verlag, Düsseldorf
1. Auflage 2021
Alle Rechte vorbehalten

Die Originalausgabe erschien 2003 unter dem Titel
The Smoke Week. September 11–21, 2001
bei Gival Press, LLC
© Ellis Avery 2003

Gestaltung und Satz: Anke Berßelis, Jan Frerichs
Fotografie Ellis Avery: © Sharon Marcus
Fotografie Bezug: © istock.com/Borut Trdina
Druck und Bindung: CPI Books GmbH

ISBN 978-3-940357-89-2

www.lilienfeld-verlag.de